제3정치 콘서트

한국정치, 인애仁愛에서 길을 찾다

2012년 6월 27일 초판 1쇄

글 한면희
펴낸곳 (주)늘품플러스
펴낸이 전미정
디자인 남지현
교정·교열 정윤혜 이동익
마케팅 조동호
출판등록 2011년 5월 17일 제300-2011-91호
주소 서울 중구 필동 1가 39-1 국제빌딩 607호
전화 070-7090-1177
팩스 02-2275-5327
이메일 go5326@naver.com
홈페이지 www.npplus.co.kr
ISBN 978-89-93324-39-6 03340
정가 15,000원

제3정치
콘서트

한국정치, 인애仁愛에서 길을 찾다

머리말

갑작스레 정치철학 저술을 낸다는 것이 뜬금없이 비춰질 수 있다. 오랫동안 생태철학자로서 환경운동을 해온 전력에 비추어 보면, 작년 10월 창조한국당 대표를 맡고 또 지금 제3정치와 관련된 책을 세상에 내놓는 것 자체가 확실히 파격이다. 누구나 인생을 살면서 여러 차례 중대 결심을 하게 되는데, 나도 마찬가지이다. 결정적으로 획기적인 발상의 전환을 두 차례 도모한 것으로 판단된다.

첫 번째 발상의 전환은 1990년을 전후로 한 시기에 일어났다. 대학 강단에서 철학과 윤리학을 가르치던 무렵이었는데, 당시 한국 사회는 요동치고 있었다. 군부독재 정권에 맞서서 민주주의를 이끌어내려는 1987년 6월 항쟁이 벌어졌고, 이 과정에서 짓눌렸던 노동자들이 노조를 결성하여 스스로의 권익을 확보하려는 시도가 전개되었다. 교육현장의 변화도 촉발되었다. 교사들 다수가 1989년 전교조를 결성했고, 이로 인해 다수가 해직되어 거리로 내쫓겼다. 자연스럽게 필자의 동지들도 회합을 갖기 시작했다. 마침내 1990년 4월 전국대학강사노동조합(이하 전강노)이 결성되어 필자는 성균관대 분회장직을 수행하였고, 그 이듬해에는 전강노 위원장을 맡게 되었다.

마르크스주의 사회철학을 전공한 것이 아니라 영미 분석철학을 연구하던 사람이 갑작스럽게 노조 활동의 전면에 선다는 것이 의아스러웠다. 사실 필자가 사회활동에 참여한 것은 양심 때문이었다. 대학 강단에서 가르치는 진리와 상반된 현실이 눈앞에서 펼쳐지고 있는데, 이를 외면한다는 것이 온당치 않다는 양심의 부끄러움 때문이었다. 현실이 그런 만큼 스스로를 노동자로 자리매김하고 또 민주화라는 대의를 위해 싸우는 것은 연구실 책상머리의 진리탐구 만큼이나 긴요한 것이자 뜻 깊은 일이다. 비록 그로 인해 보수적 교수사회의 차가운 시선과 편견을 견디어 내야 하는 개인적 부담이 있다고 해도, 그것이 아름다운 일이었던 것만은 분명했다. 그래서 정말로 현실 사회에 진지하게 참여하였고 또 열심히 앞장서서 싸웠다.

바로 이 시기에 필자는 새로운 눈으로 세상을 바라보게 되면서 사유의 전환을 결행하게 된다. 1989년에 베를린 장벽이 무너지면서 점차 세계사적 냉전의 한 축인 소비에트 체제가 몰락을 고하게 되는데, 이로 인해 몹시 당황한 것은 재야의 민주화 운동권이었다. 당시 사회평론가 후쿠야마가 좌우 대립구도 속에서 자유주의가 승리함으로써 역사 속 이데올로기의 대립이 종언을 고하게 되었다는 주장을 내놓은 책이 유행하고 있던 차였다. 이때 필자는 일부 동료들이 현존 사회주의 몰락에 대해 아전인수로 평가하고 있다는 것을 알게 되어 적지 않게 놀라고 있었다.

그 가운데에는 현존 사회주의 몰락을 자본주의 체제의 결함 때문인 것으로 파악하여 자신들의 좌파적 신념을 더욱 공고히 다지는 학자들이 있었다. 그 생각에 이해가 되는 부분이 없지 않았지만, 사회 운동권이 사태를 진실하게 보지 못한다고 여겼다.

필자는 철학자로서 진실과 진리의 눈으로 세상을 보고자 했다. 그래서 자본주의와 사회주의, 그리고 이를 받치는 산업문명에 대한 성찰을 시작했다. 이때 필자의 시야에 들어온 것은 두 체제 모두 자연을 도구로 간주하여 약탈을 끊임없이 자행함으로써 보다 근원적인 위기, 즉 생태위기를 자초할 수 있다고 느꼈다. 이런 판단에 확신이 서자, 새로운 사상적 탐구의 여정으로 진로를 바꾸기 시작했다. 이것이 첫 번째 발상의 전환이었고, 그 연구의 결실로 마침내 〈환경윤리와 자연의 가치〉라는 주제로 박사학위를 받았다. 학위 취득 이후 현실 사회운동에 또 다시 뛰어들었다. 한국적 생태철학을 개척하는 심화 연구를 지속하면서, 현실을 바꾸려는 환경운동에도 나섰다. 무엇보다도 사회정의 차원에서 환경문제를 진단하고 대안을 제시하는 '환경정의' 주제를 전파하는 데 앞장을 섰다. 환경정의연구소를 설립하여 소장으로 활약을 했고, 녹색대를 창립하는 데도 동참을 해서 많은 노고를 들였다.

필자가 현실 사회운동에 동참하고 또 생태철학을 탐구하면서 모자라지도 않고 지나치지도 않는 중용의 자세가 필요함을 체득했다. 불의한 현실에 눈을 감고 있는 비겁함은 바른 것이 아니지만, 그렇다고 해서 사회운동의 신념을 종교적 교리처럼 신봉하는 경직성도 문제다. 환경운동의 영역에서도 비슷한 것을 느꼈다.

인간이 자연으로부터 온갖 혜택을 받고 있는 만큼, 자연의 생명부양 체계가 유지되도록 생명애호심biophilia의 태도로 대하는 것이 바르다고 본다. 자연을 보는 생명사랑의 자세가 요구된다 하겠다. 필자는 바로 이런 자세로 우리 시대의 생태문제를 해결하고자 접근하였다.

다만 필자가 현실에서 절절하게 느끼는 것은 환경문제만이 아니다. 과거 현실 사회운동에 침여하던 때의 시각으로 보면, 오늘날 한국 사회의 자화상은 참담하다. 이명박 정부는 참으로 탐욕적이고 야수적이라는 생각이 든다. 역사적으로 성취한 민주주의를 단번에 반토막으로 절단내고, 재벌만을 비호하면서 사회 양극화를 심화시켰다. 미래의 희망인 청년들 다수가 꿈조차 제대로 꾸지 못하는 현실은 안타깝기 그지없다. 보수우파가 사회를 야수적으로 몰아가고 있다면, 진보좌파는 그 대안의 자격을 갖는다고 볼 수 있는가? 긍정적 시인을 하기 어렵다. 왜 그런가? 지난 10년 동안 진보정권이 집권을 했지만, 국민에게 희망을 주지 못했기 때문이다.

그렇다면 한국 사회는 어떤 길로 항로를 잡아야 바른 것일까? 필자가 고심하면서 두 번째로 발상의 전환을 도모하고자 결행한 것이 바로 이런 생각에 이르렀을 때이다. 촛불시위가 탄압을 받고, 4대강 사업으로 아름답던 강이 파헤쳐지며, 청년들의 얼굴에 화색이 사라지던 그 무렵 말이다.

제1정치 진영인 보수우파는 형식적으로나마 자유주의의 가치를 내세우고 있고, 제2정치 진영인 진보좌파는 사회적 평등주의의 가치를 천명하고 있다. 그러면서 사사건건 충돌을 빚어왔다. 정치적으로 두 진영은 서로 적대시하면서 정쟁을 펼치고, 집권하면 권력이 누릴 수 있는 자리와 이익 찾기에 여념이 없다. 정치적 동기에서는 적대적이면서 선거 결과에서는 공생적이어서 국민에게 희망을 주기는커녕 좌절을 안겨주었다.

정치가 낡은 패러다임에서 벗어나 새로운 패러다임의 지평으로 올라서야 할 중대한 시점에 도달한 것이다. 그렇다면 그것이 어떻게 가능할 수 있을까?

프랑스대혁명 당시에 시민들에 의해 피어오른 횃불의 가치는 셋이었다. 자유와 평등, 그리고 박애fraternity였다. 근대 이후의 정치는 자유와 평등의 가치를 사회제도로 이식하는 방식을 채택해왔다. 두 유형의 가치가 중요한 것은 분명하다. 그런데 박애는 어찌 되었는가? 기독교의 이웃사랑의 정신을 사회적으로 구현하자는 것이 박애였는데, 이것은 정치적으로 유폐되어 도덕 교과서라는 골방에 갇힌 신세가 되어버렸다. 물론 그 덕분에 자유가 신장되고, 민주화가 이룩되었고, 인권도 대폭으로 개선되었으며, 그리고 평균적으로 재화가 넘쳐나는 세상으로 변모되었다. 그러나 박애가 실종되면서, 마치 태양계의 태양이 점차 빛을 잃어가면서 어두워지듯이, 세상도 탐욕과 도그마로 점철되어 이전투구에서 벗어나지 못하는 양상이 되어버렸다.

사회가 밝아지려면, 또는 사람들이 미래에 대한 희망을 갖고 행복한 곳으로 나아가려면, 자유와 평등만큼 소중하지만 잃어버린 박애의 가치를 회복해서 오늘의 현실에 맞게 창조적으로 구현해야 한다. 박애는 동아시아의 버전으로 표현하자면 '인애仁愛, love'라 할 수 있다. 그것은 기독교의 사랑愛과 유가의 인仁, 불교의 자비를 포괄하는 개념이다. 인애는 자선과 배려, 정직, 용기, 절제 등 미덕virtues을 내포하는 상징적 아이콘이라 할 수 있다.

개인주의적 자유주의 사회는 인간을 경쟁하는 고립적 자아로 간주하는 정치를 펼치게 되는데, 이로써 사회는 이기심이 그득한 곳으로 미끄럼을 타게 된다. 우리나라가 미국의 제도를 도입하는 정도가 너무 지나쳤는데, 그로 인해 미국이 겪고 있는 병리적 증후군을 빼어 닮듯이 앓는 형세가 되었다. 이제 다른 시각이 필요할 때이다. 하버드대의 마이클 샌델이 자국의 문제를 진단하는 새 사조를 제시하고 있는데, 우리에게도 적지 않게 통용되는 것이라 할 수 있다. 마침 그의 저서 『정의란 무엇인가』(2010)가 우리 사회에서 폭발적으로 유행한 것은 그만큼 우리에게도 절실하다는 증거일 것이다. 필자 역시 생태주의의 시각으로 정치를 조망하고 있어서 엇비슷한 생각을 구체화하고 있던 차였는데, 그의 책이 대중적 인기를 끈 데 힘입어 세상을 향해 새로운 정치철학의 메시지를 전해도 좋겠다는 용기를 얻게 되었다.

사회가 밝아지려면 이기심은 절제되고 미덕이 커가도록 해야 한다. 이것이 제도적으로 조성되어야 하는 연유로 정치에 반영되지 않으면 별 효력이 없다. 사회가 바람직한 방향으로 나아가기 위해 공동체 구성원 모두에게 좋은 공동선을 구현해야 하는데, 이것은 공동체주의가 전하고자 하는 바이다. 필자는 개인주의적 자유주의와 집단적 전체주의 사이에서 중용을 취할 수 있는 지점이 자유주의적 공동체주의liberal communitarianism의 지평이라고 생각한다. 여기서 핵심이 되는 가치는 자유와 공동선, 그리고 미덕의 상징인 인애라고 필자는 판단한다. 물론 공동선은 전통적으로 중시하는 평등의 가치를 포함한다고 보아야 한다. 따라서 필자는 자유와 평등의 이항 대립적 정치구도를 극복하고자 한다. 또한 자유와 평등의 중립지대인 중도中道도 넘어서고자 한다. 오히려 따뜻한 가슴을 뜻하는 인애가 중심을 잡아주는 가운데 좌와 우로 평등과 자유의 가치를 조화롭게 조율할 때, 사회 공동체가 바른 방향을 향해 전진할 것이라 여긴다. 이렇게 2차원 중도정치를 넘어 3차원 지평인 인애의 자유적 공동체주의로 나아가고자 하는 것이다.

인간은 고립된 존재가 아니라 연계적 자아relational self이다. 자아이기 때문에 개인의 자유가 존중되고 고유성이 만개되어야 한다. 또한 나는 부모로부터 태어나서 형제와 뒹굴며 커가고, 이웃과 함께하는 언어를 구사하는 가운데 역사와 문화를 습득하는 연계적 존재이다. 인간이 문화적 자연인인 것과 마찬가지로 인간 각자는 연계적 자아이고, 그런 구성원으로 이루어진 사회 공동체에는 자유적 공동체주의 사조가 정치철학으로 실현되어야 적합하다. 여기서 강조하고 싶은 것은 인간이 자연을 생명애호심으로 대할 때 사회가 생태적으로 지속 가능할 수 있고, 공동체 구성원 각자가 이웃을 인애로 존중할 때 사회가 맑아질 수 있다는 점이다. 필자가 제1범주의 자유주의 정치와 제2범주의 사회적 평등주의 정치를 넘어 제3범주의 정치로 구현하고자 하는 바가 바로 이것이라 할 수 있다.

필자가 과거 사회민주화의 행렬에 동참하면서 용기를 가질 수 있었던 것은 미약하게나마 개인적 신앙으로 갖고 있었던 믿음 때문이었다. 성경 속의 예수님께서 주신 의로운 행적을 아주 먼발치에서나마 좇겠다는 자세였다. 첫 번째 발상의 전환도 그런 맥락에서 이루어질 수 있었다. 그런데 이번에 취한 두 번째의 결단은 더욱 분명했다. 주님께서 주신 용기가 없었다면, 도전할 생각을 갖지 못했을 것이다. 나를 기독교 신앙으로 이끈 아내와 내 가족, 교회의 사역자와 형제자매들에게 감사한다. 그리고 소박한 뜻이 담긴 이 책을 내 주 하나님께 정성을 모아 바친다.

2012년 초여름

駕言 韓勉熙

마이클 샌델과 정의, 그리고 한국 사회

1

The Third Politics Concert

샌델이 우리를 열광케 한 이유

2010년 여름 무렵이다. 마이클 샌델*의 『정의란 무엇인가』란 저
서가 서점가에서 1위를 차지했다는 소식이 전해졌다. 가볍게 읽
는 에세이나 소설이 아닐뿐더러 돈을 벌게 해주는 경제 서적도
아닌데, 거의 1년 가까이 베스트셀러가 되어 전 국민에게 회자되
었다. 샌델이 다양한 실제 사례를 동원하여 정의에 대해 비교적

● **마이클 샌델 (Michael J. Sandel, 1953~)**

하버드대학교 정치철학 교수로서 약관 29세에 『자유주의와 정의의 한계(*Liberalism and the
Limits of Justice*)』를 출간하여 세계적 명성을 얻었다. 학교에서도 그의 수업은 명강의로 정
평이 나있다. 그는 자유주의가 사회를 파편화시킴으로써 숱한 문제를 초래할 뿐만 아니라 정
부로 하여금 중립적 입장을 취하게 함으로써 사태를 미해결 상태로 방치하거나 악화시키고
있다고 비판한다. 그는 대안으로 공동선의 추구를 주장하기 때문에 현대 공동체주의 주창자
의 하나로 분류된다.

쉽게 서술하고 있지만, 여전히 정치철학의 이야기라 결코 쉬운 글은 아니다. 인문학 서적이, 그것도 가장 까다로운 철학 서적이 장기간에 걸쳐 베스트셀러 지위를 유지했다는 것은 놀라운 일임에 분명하다.

그렇다면 술술 읽어낼 수 있는 것도 아닌 책이 오랫동안 유명세를 타게 된 연유는 무엇일까? 몇 가지로 짚어볼 수 있다. 여기서는 정치적 요인과 교육적 요인, 그리고 사회적 요인으로 꼽아서 논의하겠다.

MB 정부 실책이 샌델 붐의 일등공신?

샌델의 저서가 인기를 끈 첫 번째 사유로서 정치적 요인을 들수 있는데, 이명박 정부가 정의를 유린하고 있다는 생각이 국민에게 부지불식간에 찾아들었고, 이에 따른 반사적 호기심이 샌델의 정의에 대한 관심으로 이행했을 수 있다. 이명박 대통령은 선거 과정에서 친기업(비즈니스 프렌들리) 정부를 구성하겠다고 공약을 했다. 실제로 정부의 출범 직후에는 '강부자 내각'으로 지칭되기에 이르렀다. 기업과 부자의 세금을 낮춰줬을 뿐만 아니라, 그들에게 유리한 정책을 펼쳤다. 노무현 정부 말기인 2007년에 우리나라의 1인당 GDP가 2만1천 달러를 넘어섰는데, 글로벌 금융위기로 인해 이명박 정부 때인 2009년에는 1만7천 달러 수준으로 떨어졌었다. 그리고 2010년에는 다시 회복세를 보여서 2만 달러 고지에 간신히 도달했다. 그런데 그 과정에서 빈부 차이에 따른 명암이 확연히 갈렸다.

2007년에서 2010년에 이르는 3년 사이에 글로벌 금융위기로 인해 국민 전체에게 돌아가는 파이의 크기가 줄었다가 원상으로 회복되었는데, 재벌그룹의 부는 사상 최대로 늘었다. 그렇다면 이것은 다른 쪽이 줄었다는 것을 뜻한다. 중산층을 포함하는 일반 서민의 자산과 소득이 형편없이 줄어들게 된 것이다. 이른바 중산층의 몰락이 나타난 것이다. 여기에는 여러 가지 요인이 있겠지만, 그중 우선하는 것으로 정부의 환율정책을 꼽을 수 있다. 정부가 고환율을 유지하는 덕분에 대기업은 수출에 따른 이익을 많이 보게 되었지만, 역으로 수입 원자재 값이 비싸지면서 서민은 같은 돈으로 물가가 오른 생활필수품을 구매할 수밖에 없었다. 물론 이것 이외에도 신자유주의 시장의 여건과 FTA 체결은 대기업과 중소기업, 부자와 빈자의 명암을 더욱 짙게 드리우고 있다. 이명박 정부는 또한 '고소영 내각'이라는 별칭까지 듣고 있다. 기본적으로 정부 개편 과정에서 주요한 핵심 보직을 영남 편중의 인사로 채웠는데, 그 핵심으로 대통령 자신이 졸업한 고려대 학맥이거나 그가 출석했던 소망교회 출신을 중용했던 것이다.

그렇다면 부자와 재벌의 편을 들어주는 정책과 사적 인연을 맺은 특정 학맥 및 집단 출신을 정부 요직으로 발탁하는 것이 정의로운 것인지 따져볼 수 있다. 한마디로 그것은 정의에 반하는 것이다. 정의justice는 도덕의 일부로서 사회적 성격을 띤다. 일반 도덕의 경우, 개인이 그것을 지키지 못했을 때 먼저 양심의 가책을 느끼게 된다. 예컨대 나의 지갑이 아주 얇지는 않은데, 길거리에서 걸인의 동냥을 외면하고 지나쳤다면 다소 착잡한 심정 상태에 놓이게 된다. 자선이라는 도덕적 덕목을 실천하지 않았을 경우 마음의 짐을 삼시 지게 될 뿐이다.

정의라는 도덕적 덕목은 다른 것과 그 성격이 다르다. 사회가 정의를 지키지 못하면, 그것은 사회적 집단 누군가에게 현실적 피해를 입히게 된다는 점에서 차이가 있다. 예컨대 열 사람이 서

마이클 샌델의 강의 장면

로 다르지만 협력적 역할을 수행하여 100이라는 크기의 생산물을 획득했는데, 그릇된 분배제도의 탓으로 두 사람이 몫의 80을 차지하고, 여덟 사람이 나머지 20으로 물질적 생활을 이어가야 한다면 이것은 부당한 것임에 틀림없다. 현실에서 이와 같은 일이 가끔 벌어지고 있다. 영화 제작에 많은 사람의 노고가 투입되는데, 고소득을 올리는 자는 주연배우와 제작자뿐이고, 조감독을 필두로 한 그 나머지 대다수는 기초생활에도 못 미치는 적은 수당만 받는 것이 우리 일각의 현실이다.

데이비드 흄과 정의의 두 조건

정의는 직접적인 사회적 특성을 띠는 것으로 분별하는 것이 주류의 학설이다. 이에 근대의 철학자 데이비드 흄-David Hume은 정의를 펼치기 위한 전제조건을 두 가지로 언급하고 있다. 하나는 사회적 산물이 구성원 모두의 요구를 충족시키기에는 부족한 상태에 놓여 있고, 다른 하나는 사회 구성원 대다수가 자신의 경우에 좋은 것을 많이 가지고 싶어 한다는 제한적 이타심을 갖고 있을 때이다. 이런 두 조건에서 사회적 자산과 혜택, 부담이 공정하게 분배되도록 하는 것을 정의로 보는 견해가 대두되었다.

정의가 무엇인지 파악하기 위해 대학의 현장으로 무대를 옮겨가 살펴보자. 대학생 100명이 정치철학에 대한 강좌를 선택해서 공부한다고 하자. 100명의 학생이 수업에 임하는 태도와 방식, 열정의 내용에 차이가 있을 것이다. 밥 먹듯이 수업 빠지는 학생과 늘 뒷자리에 앉아 딴 짓하면서도 기회 봐서 도망가는 학생, 또 졸기 일쑤인 학생들이 있는 반면, 늘 앞자리에 앉아서 발표를 자청하거나 교수의 강의에 집중하면서 호기심어린 눈으로 질문을 던지는 학생들이 있다. 중간 및 기말시험에서도 공부를 한 정도에 따라 천양지차의 답안을 내놓게 된다. 어찌 되었든 강좌의 담당교수는 수업을 끝내면서 평가에 따라 학점을 부과하게 된다. 이때 학생들에게 물어보자. 당신은 어떤 학점을 원하느냐고? 100명이면 100명 전부 최고 학점인 A를 원한다. 그래서 원하는 대로 모두에게 A를 주고, 이것이 학기를 거듭하면서 계속되었다고 하자. 연구의 전당인 대학에서 어떤 일이 벌어질까? 놀고먹는 학생들로 넘쳐날 것이다. 자신의 회사 특성에 맞는 인재를 뽑고자 하는 기업도 대학의 학점 평가를 불신하게 되고, 채용의 어려움에 직면할 것이다. 결국 학점 인플레와 그에 따른 혼란을 피하기 위해 대학 당국은 학점 가이드라인을 정하게 된다. 절대평가에서 상대평가로 전환하게 되는 것이다. A학점 30% 이하, A학점과 B학점 합계가 70% 이하, 그리고 C, D, F학점은 30% 이상으로 정하게 되었다고 하자.

상대평가로 변화된 여건에 놓인 교수의 입장에서 보면, 수강

생 모두가 A학점 받기를 원하는데, 부여할 최고 학점의 분량
은 30%로 제한적인 상태에 직면하게 된다. 이때 비로소 학점 평
가에서 흄이 제기한 정의의 문제가 대두하게 된다. 즉 대다수가
원하는 높은 학점의 양은 제한적인데, 학생들 모두는 자신의
노력이나 실력과 무관하게 최고만을 원할 정도로 다분히 이기
적이다.

이제부터 교수의 학점 부과가 정의로울 수 있고, 부정의할 수
도 있다. 예컨대 교수가 자기와 고향을 같이 하는 학생과 자기가
졸업한 모교 출신의 후배 학생, 이전부터 친하게 알고 지내던 학
생, 그리고 뇌물을 제공한 학생에게 최고의 A학점을 준다고 하
면, 이것은 정의롭지 못한 행태이다. 교수가 자신의 수업내용에
비판적 의문을 제기하거나 이견을 나타내는 학생에게 나쁜 점수
인 C나 F학점을 부과한다면 이것은 부정의한 행태이다.

그렇다면 어떤 학점 부과가 정의롭다고 할 수 있겠는가? 대다
수 학생들이 판단하여, 저 학생들은 A학점을 받는 것이 당연하
고, 또 저 학생은 D나 F학점을 받는 것이 마땅하다고 입을 모으
는 합리적 지평이 있을 것이다. 이 지평에 오르는 자격 조건으로
출석과 발표, 수업기여도, 보고서, 그리고 중간 및 기말고사 답안
지 등을 들 수 있다. 꼬박꼬박 출석하고, 열심히 준비한 주제를
발표하고, 필요할 때 알맞은 질문을 던져서 강의 주제의 맥을 짚
어내고, 논문 형태로 보고서를 작성하여 제출하며, 공부도 열심

히 해서 시험도 잘 치렀다면 그는 응분의 대가, 즉 A⁺학점을 받아 마땅하다고 여겨진다. 그 반대일 경우 C 또는 D, F학점을 받는 것이 온당하다.

여기서 다수의 개별 사례에 나타나는 일반성을 취할 수 있다. 대학의 학점만이 아니라 인사, 사회적 자산의 분배 등에도 일관되게 적용되는 지평이 있을 것이다. 정의는 사회 구성원들이 물질적 삶을 의지하게 되는 사회제도를 구축하여 그에 따른 혜택과 부담을 받도록 할 때 누구나 규범적으로 마땅하고 옳은 것이라고 동의할 수 있는 것, 또는 보편적 합리성에 의해 구성되는 것으로 파악하자는 견해가 대두하게 된다.

흄이 제기한 바와 같은 일반적 정의의 시각에서 보면, 이명박 정부의 정책은 몹시 정의롭지 않다고 평가할 수 있다. 인사정책으로 국한할 경우, 영남 출신이나 고려대 학맥, 대통령의 형님 추천 인맥, 소망교회 출신 등의 자격은 정의에 반하는 불합리한 요인이다. 경제 분야의 경우 부자에게 이롭게 하면서 사회 양극화를 심화시키는 정책 역시 부정의한 것이다. 임기 전반기에는 몹시 부정의한 정책을 펼치다가 그것이 사회문제로 부상하게 되자, 후반기에 들어서서 공정사회를 외치는 모습은 보는 이를 화나게 만든다. 뒤늦게나마 자각해서 진심으로 공정한 사회를 만드는 데 노력하겠다면, 이를 반기지 못할 이유는 없다. 늦었지만 환영할 일이다. 그런데 진심보다는 꼼수, 즉 부정의한 온갖 작태를 정의로 포장하려고 든다면, 이것은 국민을 더욱 분노하게 만들 뿐이다. 샌델의 저서가 인기를 끈 이유 중의 하나로 이명박 정부의 부정의한 행태에 대한 국민의 거부감이 정서적 바닥 어딘가에서 작동하지 않았는가 하는 생각을 가져본다.

샌델이 하버드대 교수가 아니었다면?

많은 사람들이 샌델의 책을 집어든 두 번째 이유를 찾을 수 있을 것인데, 거기에는 교육적 요인, 좀 더 구체적으로는 교육심리적 요인이 중요하게 발동한 것으로 보인다. 한국인의 교육열은 자타가 공인하는 세계 최고 수준이다. 학부모라면 누구나 자기 자식을 최고 명문학교로 보내고 싶어 한다. 가장 우선해서 서울대에 보내기를 희망할 것이다. 이런 정서에 비추어 보면 세계 최고의 대학인 미국 하버드대에 대한 선망도 갖고 있다고 할 수 있다. 특히 하버드대에서도 10년 이상 명강의를 하고 있는 것으로 유명한 마이클 샌델에 대해 진지한 호기심을 갖는 것이 자연스럽다고 할 수 있다. 따라서 샌델의 책이 인기를 끈 데는 세계 최고 명문대의 명강사가 전하는 내용을 접하고 싶은 교육적 동기가 발현된 것으로 파악해도 될 것이다.

위기의 한국, 인문학을 갈망했다

샌델의 저서가 인기를 끈 세 번째 요인도 꼽을 수 있는데, 최근 한국 사회에 드리워진 사회적 여건에서 인문학적 갈증이 생겨났고, 그런 갈급증 속에서 인문학의 꽃인 철학에도 다가가려는 경향이 샌델의 책을 선호하게 된 배경으로 볼 수 있다. 한국은 1997년 말에 IMF 외환위기를 겪게 되면서 혹독한 사회적, 경제적 시련을 겪은 바 있다. 천신만고 끝에 이 사태를 극복한 것이 엊그제인데, 또 다시 미국 뉴욕의 월가에서 시작된 금융위기가 2008년에는 글로벌한 형태의 초대형 파고를 형성하며 지구촌을 덮쳤다. 무역 의존도가 높은 우리나라도 그 영향권에서 벗어날 수 없었으며, 중산층 이하의 시민들의 삶은 갈수록 피폐해질 수밖에 없게 되었다.

그런데 생각해보자. 왜 미국에서 벌어진 금융권의 주택담보대출에 따른 부실이 우리나라와 전 세계로 번지게 되었는가? 우선 월가 금융권은 머리 똑똑한 돈 벌레가 가득히 모인 곳으로, 어떻게 하면 자신들의 연봉과 배당 수당을 높일 것인가에만 관심을 집중하는 곳이다. 이때 자신들의 결정이 다른 무엇인가를 희생시키는 것이라고 해도, 이를 불사하고자 한다. 그 희생양이 가난하고 불쌍한 다수의 그 누군가(미국과 유럽, 한국의 서민 등)이더라도 아랑곳하지 않는다. 물론 금융기업 각자의 위험 부담이 느껴지기 때문에 전 세계 금융권으로 하여금 부실 채권을 잘게 쪼개어 나눠 갖는 범죄심리학적인 공범자의 치밀함도 곁들여졌다. 대마불사 형국을 조성하여 배짱을 부리게 된 것이다. 수면 위로 부상한 금융권 전체의 부실이 대공황으로 치닫게 되는 것을 막으려면 공적인 정부 자금이 투입될 수밖에 없다. 이때 경제적 구조조정을 단행해야 하는 까닭에 실직자가 늘어나게 되므로 서민의 삶은 휘청거리게 된다.

금융위기 대처를 위해 정부의 시장 개입이 이루어지면서 사회가 요동치게 될 때, 과연 우리는 돈벌이가 우리 삶의 근원적 목표인가를 생각하게 된다. 과연 약삭빠르게 경제적으로 처신하는 것이 우리가 가질 최고의 행위 동기인가? 이런 반문을 던지다 보면 경제생활이 중요하다는 인식은 여전히 갖게 되지만, 그렇다고 해도 우리 자신이 스스로를 오직 경제적 동물이라고 표현하는 것은 지나치다는 생각을 하게 된다. 이 지평에서 우리는 나의 자아self가 갖는 정체성과 사회 속 타인과의 바람직한 관계성 등에 대해 반성적 사유를 하게 된다. 인간의 삶과 의미에 대해 성찰하는 인문학으로 시선을 모으게 되는 것이다. 이렇게 해서 우리 사회는 IMF 외환위기 사태와 글로벌 금융위기를 겪으면서 인문학에 대한 관심을 갖게 되었다. 샌델의 저서에도 주목을 하게 되는 사회적 여건이 조성된 셈이다.

샌델의 자유주의 비판

샌델의 저서에 시선을 보내게 되는 사회적 요인을 더욱 구체화해서 분별해 볼 수 있다. 우리나라는 세계 최강국인 미국에 의해 해방을 맞이한 이후 대미 의존도를 높여 왔다. 세월의 흐름 속에 미국의 사회제도가 지속적으로 도입되었다. 미국식의 제도와 식생활, 의식구조가 한국인에게 유입된 것이다. 특히 독일 등 중북부 유럽과 달리 미국에서 두드러진 개인주의적 자유주의* 사조가 들이와서 빈지기 시작했다. 이 사조는 개인의 자유와 선택, 독립성을 보장해준다는 강점을 갖고 있다. 그러나 사회에서 함께 살아가는 타인과의 내적인 연계성, 정서적 친밀감을 절단하는 단점을 갖는다.

개인주의적 자유주의는 경제적으로 시장주의를 지원한다. 그

● **개인주의적 자유주의 (individualistic liberalism)**

개인주의는 사회를 개인들의 단순한 집합에 불과하다고 간주하여 개인의 자유와 권리 행사에 초점을 맞춘다. 이때 개인들은 서로 분리된 존재로 여겨지고 이기심이 작동하는 것을 당연시하므로 이기주의로 이행하는 미끄럼을 타게 된다. 자유주의는 인간이 이성을 갖고 있어서 스스로 생각하여 선택적 결단을 내리는 자유로운 존재이기 때문에, 사회가 인간의 자유를 매우 소중한 핵심적 가치로 존중해야 한다고 주장한다.

개인주의적 자유주의는 인간 개개인이 자유롭게 수행하는 판단과 합의, 실천에 의해 사회를 운영하면 충분하다고 보기 때문에, 사회 공동체가 개인들의 자발적 결의에 따른 집합적 귀결과 별도로 공동선을 추구할 필요를 갖지 않는다고 여긴다.

런데 경제 지평에서 작동하는 시장주의의 탐욕에 모든 것을 내 맡기게 되면, 그로 인한 폐해는 급격히 증폭된다. 시장의 탐욕이 학교로 확산되고, 심지어 가정으로도 침투한다. 사회제도에 의해 개인의 이기심은 더욱 노골적으로 나타난다. 마침내 공동체의 미덕*이 커가기는커녕 들어설 자리조차 비좁아진다. 세상이 물질로 넘쳐나지만, 사회적 삶은 갈수록 각박해져 간다. 인정이 마른 사회에서 정신적으로 행복해하는 사람은 적어질 것이다. 샌델은 바로 이런 미국 사회를 보면서, 그 도래에 책임이 있다고 여겨지는 개인주의와 자유주의, 공리주의의 정의관을 비판적으로 성토하면서 그 대안으로 조심스럽게나마 공동체의 가치, 공동선의 정의를 설파하고 있는 것이다. 한국 사회가 미국의 제도로 옷을 갈아입은 정도만큼 샌델의 주장은 우리에게도 해당된다고 볼 수 있다. 샌델의 책을 읽으면서 이 점을 느끼게 되었다면, 샌델의 메시지를 성공적으로 독해한 것이 될 것이다.

● **공동체의 미덕 (virtues of community)**
공동체주의는 사회 구성원들이 시간적 계기로서 선대와 역사성이라는 연계성을 갖고, 공간적 계기로서 이웃 구성원과 더불어 사는 문화적 연계성을 지닌다고 본다. 이때 사회 공동체를 규범적으로 바람직한 상태로 유지하거나 그런 방향으로 인도하려면 구성원들에게 아름다운 도덕적 행위를 실천하도록 요청하게 된다. 사람들 서로 간의 연계성을 선한 것으로 맺기 위해 이웃 사랑과 자비, 우정, 배려, 용기, 절제, 정직, 정의 등을 행하도록 권고하게 된다. 이렇게 사회를 건강하게 유지하는 데 필요한 도덕적 덕목이 공동체의 미덕이다.

한국인에게도 먹힌 샌델의 정의

마이클 샌델의 『정의란 무엇인가』라는 저서가 한국에서 선풍적 인기를 끈 데는 기본적으로 현실 속의 사례를 풍부하게 들면서 정치철학의 이야기를 비교적 쉽게, 그러면서 매우 유익하게 들려주고 있음에서 찾을 수 있다. 그런데 그 속을 보다 깊이 살펴보면, 미국 모델을 구현하고 있는 한국 사회와 이명박 정부에서 국민들이 느끼게 된 밑바닥의 문제의식과 회한, 정서가 일정하게 반영되어 있음을 확인할 수 있다.

샌델은 미국 사회가 처한 현실을 정치철학적 입장에서 조목조목 비판적으로 조망하고 있다. 그는 공리주의*가 사회적 및 경제적 파이를 키우는 데만 초점을 맞춘 나머지 사회적 약자가 입게될 피해를 외면하게 된다고 비판한다. 그는 자유주의liberalism가 개인의 자유로운 선택적 결단을 너무 강조한 나머지 사회 구성원 모두가 처한 사회적 맥락, 즉 시간축의 역사성과 공간축의 연대성을 간과하게 된다고 강조한다. 그는 자유지상주의*가 시장만능주의를 내세우게 됨으로써 사회가 이기심으로 가득 차게 될 뿐 아니라 작은 정부의 역할 제한으로 인해 사회 공동선의 실현을 외면하게 된다고 비판한다. 필자는 이런 샌델의 비판이 오늘의 한국 사회에 매우 의미 있게 적용될 수 있다고 본다. 한국 사회가 미국식 제도로 옷을 갈아입는 정도만큼 적용이 가능하기 때문이다.

● **공리주의 (utilitarianism)**

공리주의는 한 행위나 정책이 그것에 영향을 받는 최대 다수에게 최대의 물리적 쾌락이나 행복을 가져다줄 때, 그것이 도덕적으로 옳다고 주장한다. 벤담(J. Bentham)은 총체적으로 고통은 줄이고 쾌락을 늘리는 데 주안점을 두는 쾌락 공리주의를 주창하였고, 밀(J. S. Mill)은 고급 쾌락인 행복을 늘리는 데 초점을 맞추는 행복 공리주의를 제시했다. 그런데 공리주의는 전체 총량(파이)의 크기를 늘리는 데 관심을 쏟을 뿐이므로, 그 분배의 이익이 강자에게 쏠리거나 불이익이 약자에게 집중되는 것에 대해서는 아무 언급도 하고 있지 않다는 점에서 한계를 갖는다.

● **자유지상주의 (libertarianism)**

자유지상주의는 인간이 자유라는 기본권을 갖고 있는데, 그것이 최고이자 유일한 것으로서 중시되어야 한다는 사조이다. 이를 대표하는 철학자 로버트 노직(Robert Nozick)은 타인의 자유권을 침해하지 않으면서 절차적으로 정의롭게 재화를 취득하거나 또는 자발적으로 이전과 양도를 통해 자산을 얻을 경우 정당한 소유권을 갖는다고 보고, 정부는 개인의 자유로운 행위를 지켜주는 최소국가의 기능을 유지해야 한다고 주장한다. 따라서 자유지상주의는 경제적 영리 활동을 보이지 않는 시장 시스템에 맡기고, 정부는 어떤 간섭도 하지 않아야 한다는 시장만능주의를 지지하게 된다.

한국, 미국 사회의 불평등 닮아간다

　오늘의 우리 자화상을 한번 살펴보자. 사회양극화 현상이 갈수록 깊어지고 있는데, 역시 미국을 닮아가고 있다. 샌델에 따르면, 미국은 상위 1%가 하위 90%보다 더 많은 부를 소유하고 있다. 기획재정부가 2012년 1월에 발간한 『2011년 국가경쟁력보고서』에 따르면, 소득분배 불균형을 나타내는 지니계수가 한국의 경우 2008년에 0.315로서 OECD 조사대상 국가 34개국 가운데 중하위권인 20위를 차지하고 있다. 우리보다 한 단계 나은 나라가 경제위기를 겪고 있는 그리스로서 19위이고, 우리보다 열악한 곳은 미국으로서 31위이다. 미국의 제도 가운데 본받아야 할 것이 적지 않지만, 결코 닮지 않아야 할 것도 있다. 미국은 흑인 노예제를 채택하다가 이를 철폐하였지만, 여전히 다인종 사회이기 때문에 불평등이 심할 수밖에 없는 나라다. 우리나라가 미국의 사회 불평등 수준에 점차 가까이 다가가고 있다는 것은 국가적 불행으로 보지 않을 수 없다. 중산층이 점차 무너지고 있는 가운데, 하위 빈곤층이 더욱 늘어나고 있는 것이다. 가계의 월 소득이 160만 원 미만인 빈곤층의 비율이 2000년에 9.2%였는데, 2010년에는 12.5%로 증가했다.

기획재정부 지니계수 국가 간 비교

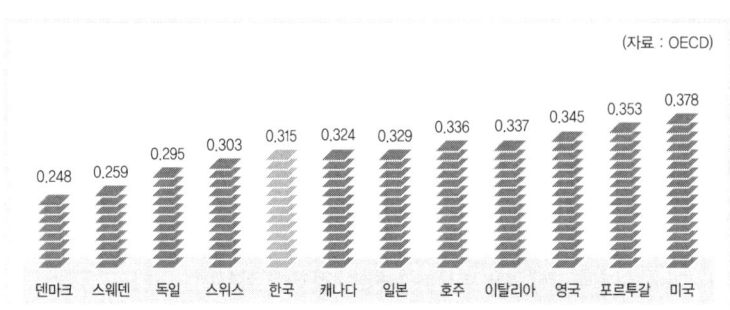

(자료 : OECD)

덴마크	스웨덴	독일	스위스	한국	캐나다	일본	호주	이탈리아	영국	포르투갈	미국
0.248	0.259	0.295	0.303	0.315	0.324	0.329	0.336	0.337	0.345	0.353	0.378

* 출처: 서울신문(2012.04.24)

한국의 사회 양극화 심화 추이

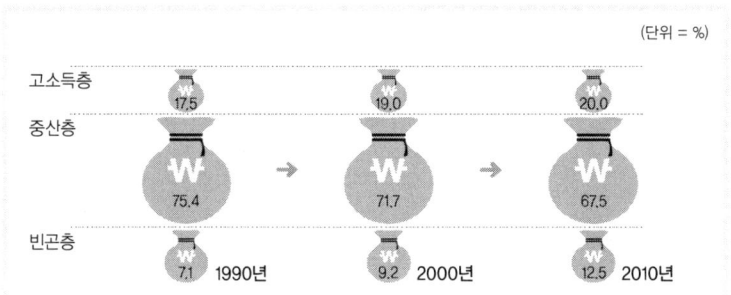

(단위 = %)

고소득층
중산층
빈곤층

	1990년	2000년	2010년
고소득층	17.5	19.0	20.0
중산층	75.4	71.7	67.5
빈곤층	7.1	9.2	12.5

* 출처: 매일경제(2012.03.20)

    한국 사회의 미래를 어둡게 하는 최대 요인은 청년실업이 만성화되고 있다는 점이다. 청년들이 학교대학과 고등학교를 졸업해도 취업할 양질의 일자리를 구하기가 매우 어렵다. 극히 일부만이 대기업으로 진출할 수 있을 뿐이다. 나머지는 그들이 그다지 내켜하지 않는 중소기업 일자리가 대다수이고, 그나마도 비정규직으로 고

용되어 대기업의 하청을 받는 노동자로 전락하기 십상이다. 그래
서 FTA 타결로 수출에 유리한 대기업은 즐거운 비명을 지르고
싶은데, 침체된 사회 분위기로 인해 속으로만 속삭이고 있을 뿐
이다. 재벌과 대기업의 넘쳐나는 돈은 잠겨 있거나 임원들의 고액
연봉으로 지출되고 있다. 정치권과 유력 언론, 재벌, 엘리트 관료
의 결탁 속에 경제구조는 왜곡되었고, 그에 따른 사회적 폐해가
곳곳에서 드러나고 있다.

불행의 씨앗인 무연고적 자아

한국이 알게 모르게 수용한 개인주의적 자유주의는 인간을
무연고적 자아*로 만든다. 마침내 시장의 탐욕과 결부되어 개인
은 경쟁으로 내몰리는 고립적 자아가 된다. 학교든 기업이든 사
회의 어떤 곳에서도 고립적 자아가 경쟁에서 승리를 하면 잠시

● **무연고적 자아 (unencumbered self)**
개인주의의 시각으로 인간을 조망할 때, 인간 각자는 서로 분리된 개체의 특성을 지닌 존재
이다. 즉 역사적 연고나 문화적 맥락에서 타인과 독립되어 있는 무연고적 자아의 존재이다.
자본주의 속의 인간은 타인과 끊임없이 경쟁하며 살아가도록 내몰린 고립적인 경쟁적 자아
의 존재이다. 이것을 고립적 자아라고도 부른다.

기쁨을 만끽한다. 그러나 승리자는 언제나 소수이며, 이러한 소수도 늘 승리만 쟁취할 수는 없다. 대부분의 사람들은 늘 실패하며, 승리자라 하더라도 추락할 때가 있다. 그런데 패자는 고독하고 외롭다. 치열한 경쟁 과정에서 따뜻하게 위로하고 슬픔을 나눌 수 있는 아름다운 인연을 대부분 끊어버리는 절연의 길로 치달았기 때문이다. 이로 인하여 절망에서 벗어날 수 없거나 심리적으로 유약한 사람들은 결국 자살을 선택하게 된다. 보라, 한국인의 자살률이 어느 정도인지! 2010년도 기준으로 한국의 자살률은 세계 최고로서 OECD 평균인 11.3명의 네 배에 가까운 1일 평균 43명이다. 너무도 충격적이다. 특히 2000년과 비교하는 10년 사이에 무려 130.2%가 늘었다. 오죽하면, 영국 BBC 방송이 '자살공화국 한국'을 심층적으로 보도하면서, "한국은 부유해졌

영국 BBC 방송국의 자살공화국 한국 보도방송 캡처 (출처: 조선일보(2011.11.08))

BBC Asia Editio
Bringing a local perspective to global news   New from BBC.com

November 2011 Last updated at 01:09 GMT   149  Share

ackling South Korea's high suicide rates

re than 40 South Koreans a day are
ing their lives and the government in
oul has recognised it is a problem that
eds tackling. But, as the BBC's Lucy
liamson finds out, the reasons for such
igh suicide rate are complicated and not

지만, 사람들은 한국전쟁 직후의 어려웠던 시절보다도 덜 행복해 보인다"고 논평을 했겠는가!

한국과 OECD 국가 자살률 비교 그래프

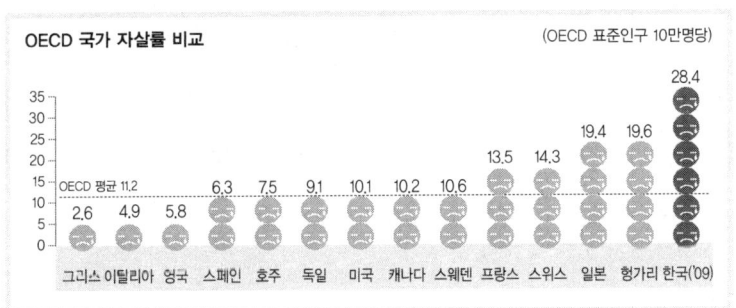

* 출처: 뉴스1코리아(2011.09.05)

연계적 자아의 정치와 사회 재구축

오늘의 한국 사회가 처한 현실은 땜질식 처방으로 해결될 성질의 것이 못된다. 간결하게 표현하자면, 우리의 총체적 문제 상황은 약삭빠른 이기심이 경제 영역뿐만 아니라 관료사회와 언론, 심지어 학교와 가정에도 침투하고 있는데, 역대 정부와 기존 정치권이 이를 방조하거나 외면한 결과로 나타난 것이다. 어떻게 해야 하는가? 뿌리까지 썩었다면, 근원으로 돌아가서 사회 재구축 remaking society을 해야 한다. 필자는, 예컨대 "정직이 최선의 정책"이라는 말을 다시 곱씹어 보고 싶다.

기본적으로 인간은 누구나 자신이 처한 사회 및 가족의 역사성과 문화적 토양 속에서 성장과 성숙을 맞이하게 된다. 개인주의적 자유주의가 얘기하는 무연고적 자아는 환영일 뿐이고, 실제로 우리 각자는 연계적 자아relational self이다. 자아는 어디까지나 자아이기 때문에 고유성의 자유를 갖지만, 그것이 가족이나 이웃, 동료, 민족, 타자와 뿌리에서 연결되어 있다. 이때 가족과 이웃에 대해 우리는 사랑과 정직, 배려와 같은 미덕을 갖춘 자세로 다가가야 한다. 이제 이기심과 탐욕이 사회 곳곳에서 독버섯처럼 자라도록 할 것이 아니라, 오히려 아름답고 칭송받을 덕목이 모든 이에게 함양될 수 있도록 사회제도가 뒷받침하도록 해야 하며, 이 일이 바르게 진행될 수 있도록 정치권이 새롭게 팔을 걷어붙이고 나서야 한다. 즉 연계적 자아의 정치를 펼쳐야 한다. 이렇게 되면, 사회 양극화는 해소되고, 대기업과 중소기업이 상생하게 되어 좋은 일자리는 더욱 늘어나며, 차별받는 비정규직은 점차 사라지게 될 것이다. 청년들이 미래에 대한 희망을 갖고 서로 연대하게 될 것이며, 자살을 할 사회적 이유가 사라지는 아름다운 사회를 맞이할 수 있게 될 것이다. 그래야 국민 누구나 연계적 자아의 자유를 누리면서도 서로 협력하여 공동선을 펼치는 새로운 한국 사회를 재창조할 수 있게 될 것이다.

제3정치
콘 서 트

한국 보수정당과
정체성 해부

2

The Third Politics Concert

보수 우파의 정체성과 자유주의

우리나라 정치권에서 어느 때 어느 곳에서나 가장 빈번하게 사용되는 개념 몇 가지를 들자면, '보수'와 '진보', '우파'와 '좌파'라는 용어를 꼽을 수 있다. 그런데 이 어휘들이 종종 자의적으로 또는 상대적으로 활용되는 까닭에, 일반 시민들에게는 혼란스럽게 비춰지는 것이 현실이다. 한국의 정치가 질적으로 성숙되기 위해서는 이런 개념과 연루된 정치 집단의 성격이 온전히 드러나서 국민의 평가를 받는 가운데 자기 성찰이 있어야 하고, 이를 통해 정치적 정체성political identity의 확립이나 바람직한 변화가 이루어져야 한다. 이제 이런 것이 가능할 수 있도록 우파와 보수정당, 좌파와 진보정당에 대해 그 개념과 더불어 이들의 현실적 행태에 대해 살펴보고자 한다.

사전적 의미에서 보수주의conservatism는 관습으로 통용되는 것이나 전통을 지키려는 정치사회적 이념을 뜻한다. 곧 보수주의는 기존 질서를 유지하고자 한다. 다만 현재의 사회제도와 의식 상태가 갖고 있는 문제점을 인식하고 있으므로 이를 바꾸는 것을 거부하지 않으며, 이에 따라 소극적으로 현재의 문제 상황을 최소화해서 점진적으로 개선하려는 입장을 취한다. 보수주의의 주류를 이루는 유파는 최소한의 변화를 거부하지 않지만 안정성과 연속성을 강조함으로써 현상 유지를 도모하고자 하는 반면, 다른 소수의 유파는 새로운 흐름에 거부하면서 과거 상태로 되돌리고자 한다. 후자 유형과 같이 보수적 가치를 개선하는 데 완강히 거부하는 단호한 입장을 특별히 반동주의라고 하는데, 수구파가 이런 태도를 취함으로써 간혹 '보수 골통'이라는 비하적 표현을 듣기도 한다.

정치적 의미에서 우익right-wing 또는 우파rightist는 앞 시대의 전통으로 유지된 서열화hierarchy로 이루어진 사회를 지지하는 집단과 개인을 나타낸다. 우파 정치는 실질적 평등의 실현이 사회에 이롭지 않다고 여긴다. 우파는 그 용어상의 개념적 기원을 추구할 때, 보수와 궤를 같이 한다. 그것의 연원은 1789년의 프랑스대혁명 당시 국민공회에서 의장석의 오른쪽에 앉은 지롱드당이 기존의 사회 서열화를 존속시키는 입헌군주제를 지지한 데서 찾을 수 있다. 이 입장은 의장석 왼쪽에 배치된 자코뱅당이 당시로서는 급진적 개혁을 내세우며 평등 사회를 주창한 것과 대비적이라고 할 수 있다. 역사적으로 제2차 세계대전 이후에 우파는 고전적 자유주의와 신자유주의, 자유지상주의, 민족주의를 나타내는 입장에 동조하기 시작했다. 보수와 우파가 수구와 반동으로 치닫지 않고, 비교적 건강한 태도를 유지하면서 정치사상적 지평으로 들어서게 될 때 만나게 되는 사조가 자유주의와 자유지상주의이다. 이런 시대적 흐름에 비춰보면, 현대적 우파 및 보수주의는 자유(지상)주의를 정치적 이념으로 채택하여 사회의 안정성을 꾀하고자 할 때 그나마 사상사적으로 건강한 집단으로 변화할 수 있다고 여겨진다.

자유주의와 평등적 자유주의

자유주의liberalism는 인간이 다른 동물과 달리 특징적으로 갖고 있는 이성에 대해 무한한 신뢰를 보내면서, 이성이 개인에게 발휘되면서 나타나는 자유liberty에 핵심적 가치를 부여한다. 자유주의는 합리적 개인 각자가 자신이 처하는 여러 상황 속에서 스스로의 판단에 의해 자유롭게 선택해서 행위하고, 그에 따른 책임도 지도록 하는 사상이다. 자유주의는 합리성의 담지자인 개인에게 초점을 맞추기 때문에 개인의 권리를 유독 강조한다. 영국의 사상가 존 로크*가 밝힌 바와 같이 개인의 권리는 자유와 생명,

사유재산권으로 분별되었는데, 이것은 법적으로 자유권적 기본권으로 불리기 시작했다. 가령 내가 갖고 있는 양심과 사상, 언론의 자유 등은 그 누구로부터도 침해당할 수 없는 것이다. 나의 생명과 사유재산도 마찬가지이다. 이런 의미의 자유권적 기본권은 타인으로부터 침해당하지 않을 나 개인의 권리이다. 여기서 자유권적 기본권은 그 누구로부터도 침해당해서는 안 되는 성격의 것이기 때문에, 이런 유형의 자유주의 권리를 소극적 권리 negative rights라고도 한다.

순수 자유주의는 평등의 가치를 형식적 평등으로 국한하여 수용한다. 이때 자유주의가 좀 좌로 다가가면서 평등을 다소 실질화하려는 경향을 보일 수 있는데, 평등적 자유주의egalitarian liberalism가 그런 것에 해당한다. 정치철학자 존 롤스*가 이런 것을 대표한다. 그는 자유를 우선시하면서 또한 불평등의 최소화에 주안점을 둔다. 롤스는 『사회정의론』에서 첫째로 만인은 광범위

● **존 로크 (John Locke, 1632~1704)**

17세기에 영국서 활약한 경험론 철학자이다. 그는 인간의 정신이 태어날 때 백지상태(tabula rasa)인데, 여기서 경험을 통해 점차 지식을 축적하게 된다는 인식론을 주장하였다. 또한 그는 타인의 기회를 봉쇄하지 않는 한에서 무소유의 황무지를 자유롭게 개간할 경우 그 토지에 대한 사적 소유의 권리를 갖는다는 견해를 제시하는 등 정치철학에 큰 영향을 끼친 자유주의 사상가이다.

한 기본적 자유에 대해 동등한 권리를 가져야 하고, 둘째로 차등을 허용하는 제도를 채택하면서도 그것이 최소 수혜자에게도 최대의 이익이 되는 방식으로 이루어져야 한다고 주장함으로써 자유와 평등의 양립 가능성에 주안점을 두었다.

자유지상주의와 시장만능주의

롤스의 입장과 대비되는 방식으로 순수 자유주의 사상을 더욱 우클릭하여 설정하는 것도 가능하다. 자유지상주의libertarianism가 바로 그것인데, 개인의 자유를 거의 유일한 가치로 간주한다. 개인은 전적으로 자유로운 영혼이다. 개인의 자유로운 행위는 그것이 같은 유형의 타인의 자유를 침해하지 않는 한에서 어느 누구로부터, 당연히 국가로부터도 침해당할 수 없다고 본다. 이 입장을 대표하

● **존 롤스 (John Rawls, 1921~2002)**

하버드대 철학교수로서 정치철학을 가르쳤다. 그가 1971년에 출간한 『사회정의론(A Theory of Justice)』은 미국식 복지정책을 정당화하는 데 일조하는 등 평등적 색채를 함축한 자유주의 저서로서 국제학계에서 숱한 반향을 불러일으킨 바 있다. 마이클 샌델과 같은 일군의 학자들이 롤스의 자유주의 정의론을 비판적으로 다루는 과정에서 또 다른 사상적 흐름인 현대 공동체주의를 태동시키게 되었다. 이렇게 자유주의와 공동체주의 논쟁의 한복판에 있었던 존 롤스는 현대의 정치사상사에서 커다란 궤적을 남긴 인물이다.

는 로버트 노직*은 롤스의 입장과 차별화하기 위해 1974년에 발표한 저서 『아나키, 국가 그리고 유토피아』에서 개인이 자신의 노고에 의해 자산을 취득하면, 그것에 대한 정당한 소유권을 갖는다고 주장한다. 각 개인이 자유로운 계약(후손에 대한 양도 등)에 의해 자산을 취득하면 역시 정당한 소유권을 갖는다고 본다. 이에 능력을 갖춘 자가 많은 자산을 획득했거나 운이 좋은 자가 부모로부터 엄청난 재산을 양도받았는데, 국가의 운영을 위해 부담하는 평균적 세금보다 더 많은 몫을 내도록 강요당한다면 이것은 개인의 자유에 대한 상발이자 노략질이라고 주장한다.

경제가 중시되는 현대사회에서 자유주의가 시장주의를 지지하는데, 자유지상주의는 극단으로 치달아서 시장만능주의를 내세운다. 영리 활동을 하는 개인의 자유와 이를 보이지 않게 조절하는 시장 기능에 국가의 어떤 개입(관여와 간섭 등)도 불필요하다고 주장한다. 그렇다면 국가의 역할로 어떤 것이 부여되는가?

● **로버트 노직** (Robert Nozick, 1938~2002)
하버드대 철학교수로서 존 롤스와 함께 봉직했다. 평등적 자유주의를 내세운 롤스의 『사회정의론』이 출간되면서 학계에서 숱한 논쟁이 벌어지던 무렵에 노직은 원리적 자유주의의 시각에서 롤스를 비판하는 저서 『아나키와 국가, 그리고 유토피아(Anarchy, State, and Utopia)』를 출간하였다. 고전적 자유주의의 핵심이 소유권이라는 점에서 볼 때, 롤스가 수정 자유주의자로 여겨지는 반면, 노직은 로크의 입장을 더욱 강화한 진정한 자유주의자라고 할 수 있다. 이런 연유로 노직은 자유지상주의를 주창한 대표자로 평가된다.

개인이 자유롭게 활동하고 계약을 맺을 수 있도록 하는 것이다. 사회에 평화가 조성되어서 개인의 자유가 침해받지 않도록 해야 한다. 따라서 국가는 개인의 자유가 존중되도록 평화를 구현하는 경찰국가의 기능만 갖는다. 최소국가, 즉 작은 정부가 요청되는 셈이다. 경제학자 프리드리히 하이에크*는 경제적 평등을 시도하려는 노력이 강압적이어서 자유 사회를 파괴한다고 보았고, 밀턴 프리드먼*은 오늘날 국가가 널리 행하는 행위 가운데 상당 부분은 개인의 자유를 침해하는 위법한 것이라고 강변한 바 있

● **프리드리히 하이에크 (Friedrich A. Hayek, 1899~1992)**

오스트리아 출신의 경제학자이자 정치사상가이다. 그는 1930년대에 영국 런던대 교수로 부임하여 당시 경제상황과 관련해서 케인즈와 논쟁을 펼쳤다. 케인즈는 시장에 정부의 계획적인 개입 조절이 필요함을 역설한 반면, 하이에크는 시장의 자율적 기능에 맡겨야 한다고 주장했다. 1970년대에 서구의 복지국가가 복지병으로 경기침체를 겪게 되자, 계획경제가 비판의 도마에 오르면서 자유시장을 옹호하는 분위기가 조성되었다. 이때 하이에크는 자유주의 경제질서를 구축한 공로를 인정받아 1974년에 노벨 경제학상을 수상하였다. 그의 경제철학은 1980년대에 대처리즘과 레이거노믹스라는 신자유주의의 이론적 기반이 되었다. 다만 역사의 아이러니는 그가 죽고 난 뒤에 다시 전개되었다. 2008년의 글로벌 금융위기는 신자유주의의 실패를 선언한 것이고, 한 국가는 물론 국가 간의 협력을 통한 글로벌 계획경제가 자본의 야수적 탐욕을 제어할 수 있는 방안임을 입증함으로써 케인즈 경제학이 다시 이목을 끌게 되었다.

● **밀턴 프리드먼 (Milton Friedman, 1912~2006)**

미국 출신으로서 시카고 경제학파의 주도적 인물로 부상했으며, 1976년에 노벨 경제학상을 수상하였다. 그는 자유방임주의를 주장하였고, 시장제도에 따른 자유로운 경제활동을 역설하였다. 정부가 자유 시장에 관여하지 않도록 하는 작은 정부론의 옹호자이며, 케인즈 경제학에 비판적인 입장을 견지하였다.

다. 모두 자유지상주의 정치철학에 동조하는 발언들인 셈이다.

종합하자면 보수 우파는 사회 서열화를 수용하는 기존의 관습과 전통적 사회제도를 안정적으로 유지하려는 입장인데, 제2차 세계대전 이후에는 자유주의와 시장주의를 핵심적 가치로 천명하는 것으로 평가할 수 있다. 다만 서유럽과 미국에서 보수와 진보가 다소 상이하게 나타나고 있다는 점에 대한 이해도 필요하다고 본다. 유럽에서 신앙의 자유를 찾아 아메리카 대륙으로 이주한 청교도의 나라 미국은 자유주의를 근간으로 삼는 정치적 풍토를 갖게 된다. 따라서 보수와 진보 모두 자유주의를 공유하고 있다는 점에서 유럽과 다르다. 미국의 공화당과 같은 보수 진영은 국가의 경제시장 개입을 거부하거나 최소화하는 태도를 취하기 때문에 자유지상주의를 선호하는 반면, 민주당과 같은 진보 진영은 복지정책 시행에 따른 재원 마련을 위해 부자 과세 등에 매우 적극적이므로 롤스의 평등적 자유주의에 가깝게 다가가 있다고 할 수 있다. 또한 미국의 일부 보수(예, 기독교 근본주의자)는 낙태와 동성애 등 사회정치적 현안에 대해 기존의 전통이 보여준 닫힌 태도를 견지함으로써 정부가 이에 반대하는 정책을 시행해야 한다고 보는 반면, 진보는 개개인 각자가 자유롭게 판단해서 결정할 문제이기 때문에 정부가 중립적 입장을 지켜야 한다고 본다. 이렇게 보면 미국에서는 보수주의와 자유주의가 많은 것을 공유하고 있음에도 불구하고 차이 또한 드러내고 있음도 확인할 수 있다.

정치적 자유주의의 한계

　보수 우파가 그 범주 안에서 건강한 태도를 견지하는 길은 자유주의 사상을 끌어안을 때이다. 18세기 말을 기준으로 할 때, 자유주의는 전통의 신분제 봉건사회를 혁파하는 사상으로 등장했기 때문에 진보적인 것이었다. 물론 이때 진보progress는 변화에 적극적이라는 의미로만 여기면 된다. 봉건제 중세를 넘어 근대를 열던 여명기에 자유주의는 사회의 근간으로서 개인의 자유가 신분이나 계급, 인종, 성에 관계없이 존중받아야 한다고 보기 때문에 사회적 약자를 포함하여 만인이 평등하다는 민주주의를 태동시켰다.

　자유주의는 사회의 억압적 굴레로부터 개인을 해방시켰을 뿐만 아니라 또 개인이 자유를 누릴 수 있도록 새로운 정치적 지평을 열어주었다. 특히 개인의 권리를 신장시키는 데 혁혁한 기여를 하였다. 이로 인해 인간이면 누구나 자신이 꿈꾸는 바를 향해 도전할 수 있는 자유로운 기회가 열렸다. 무엇보다도 양심과 사상의 자유, 표현과 집회, 결사의 자유에 대한 권리는 공적인 의견 제시와 비판, 수용을 언제든지 가능하게 함으로써 열린사회open society로 나가도록 하는 데 기여했다.

자유주의는 개인이 갖고 있는 이성을 계발하는 데도 성과를 거두었다. 특히 각자로 하여금 고유한 자신만의 자아에 눈을 뜨게 한 것은 주목받을 만한 것이었다. 이로써 자유주의 사회의 개인은 이성적 자아가 요구하는 것에 따르면서 설정한 바의 목표에 이를 수 있는 선택적 도구 사용방식에 탁월함을 드러내었다. 그 결과 사회는 자유로운 개인들이 선택하는 바에 따라 움직이는 형태로 변모되었다.

자유주의의 한계

자유주의는 많은 장점을 구비하고 있지만 한계도 적지 않게 갖고 있다. 자유주의는 이성적 개인이 취하는 선택적 자유의 기능에 주안점을 두게 되는 연유로 도구적 이성*을 강화하는 데 따른 제반 사회문제를 양산하기 십상이다. 인간 개인이 자신이 정한 선택적 목표를 관철시키기 위해 타자, 즉 타인과 집단, 자연

등을 도구화하는 이성적 버릇을 그릇되게 고착시킴으로써 개인
적 원한을 사고, 공동체를 피폐화시키며, 자연수탈에 따른 환경
문제를 심화시킨다. 또한 자유주의는 인간 개인을 무연고적 자
아나 고립적 자아isolated ego로 조성하는 까닭에 스스로를 공동체
로부터 유폐시킴으로써 현대사회의 병리적 존재로 만든다는 데
있다. 더 나아가 정치적 자유주의는 정부로 하여금 사회적 중요
현안에 대해 중립성을 견지하게 함으로써 사회 공동체가 건강하
고 바람직한 방향으로 나아가는 데 있어 장애가 될 수 있다는
점이다.

   물론 자유주의는 자체적 결함으로 인해 한계를 드러내는 경
우도 있지만, 대부분은 형제 격에 있는 다른 사상적 사조와 결
부되어 나타난다는 특징을 갖고 있다. 여기서는 이에 따른 문제
를 정치철학적 관점에서 두 가지, 즉 자유 민주주의와 개인주의
적 자유주의로 좁혀서 좀 더 자세히 살펴보고자 한다.

자유 민주주의는 최선인가

자유주의는 민주주의와 만나면서 자유 민주주의라는 공통분모로 축소되면서 장점도 지니지만 또한 한계도 노출하고 있다. 자유 민주주의는 민중의 규칙이 궁극적이라는 것을 거부하면서 사상과 집회, 종교, 선거 등의 자유를 근간으로 삼고 있다. 그리고 권력분립을 위해 대의제를 취하는데, 이로써 문제를 드러내게 된다. 우리나라의 경우 4년과 5년의 기간을 두어 국민의 주권적 위임을 받는 국회의원과 대통령을 선출하는데, 선출직들이 국민을 위하기보다 자신들의 정치적 권력을 더욱 강화하고 경제적 이익을 도모하는 데 주력함으로써 사회를 부정과 부패로 얼룩지게 만들기 일쑤였다는 것이 역사를 통해 빈번하게 드러난 바 있다. 독재정부의 대통령들이 수천억 원의 통치자금을 불법으로 조성했었고, 보수적 정치인들 역시 돈으로 선출직 국회의원직을 사는 데 능숙했다. 여전히 최근에도 이명박 정부는 2011년 내곡동사저 매입사건에서 드러났듯이, 국가 세금을 교묘하게 지원하여 대통령 아들 명의의 집을 구입하려고 했었다. 이제 인터넷정보화 시대가 전개되는 만큼 대의제를 넘어 가능한 한 민의를 보다 직접적으로 존중하여 반영할 수 있는 방도를 모색해야 할 때이다. 예컨대 선거에서 소셜네트워크서비스SNS 체계를 활용하여 타인에게 정치적 영향을 미칠 의도로 자신의 입장 개진을 허용하는 것이 그런 시도의 하나라고 할 수 있다. 직접 민주주의에 조금 다가간 것이라고 할 수 있다. 그리고 당사자와 전문가가 깊이 토론하여 중지를 모으는 심의 민주주의나 자연을 적극 배려하는 생태 민주주의도 그런 선에서 고려될 필요가 있다. 이것은 자유 민주주의가 최선이 아닐 수 있으며, 그 한계가 명확함을 드러내 주는 것이라고 할 수 있다.

개인주의적 자유주의의 한계

자유주의는 개인의 자유와 선택을 최고로 여기기 때문에 개인주의individualism와 짝을 이루는 강한 경향성을 띠게 됨으로써 문제를 증폭시킨다. 개인주의는 사회를 파악할 때, 사회가 그것을 구성하는 기본 요소인 개인들의 단순 집합에 불과하다고 여기는 입장이다. 원자론적인 우주 자연에 대한 이해를 사회에 적용하면서 나타난 것이 개인주의인 셈이다. 개인주의는 개인이 갖는 특성, 즉 이성에 따른 자유로운 선택적 속성에 주안점을 두게 된다. 즉 개인주의는 사회를 이루는 구성원들의 관계성을 내적으로 실재하는 것으로 보지 않고, 편의상의 외적 결합에 따른 것으로 파악한다. 성 개방이 이루어진 미국에서 빈번한 이혼으로 인해 가족 공동체가 와해되는 현상도 이에 따른 것으로 볼 수 있다. 예컨대 능력 있는 기혼 남성이 직장이나 주변에서 또 다른 여성과 눈을 맞추면서 정욕이 분출되는 바에 따라 자율적 선택을 하여 외도를 빈번하게 하다가 마침내 이혼과 재혼을 결행하게 된다. 이 과정에서 조강지처와 맺은 인연이나 자녀가 처하게 될 고립적 상실감과 같은 연계적 정서는 정욕과 영악진 계산적 이성에 의해 후 순위로 밀려나게 된다. 결국 개인주의 사회에서 인간의 이기심이 제도적으로 허용될 때, 사회는 파편화되면서 야수성을 띠고 도덕적 불감증을 양산하게 된다. 이런 연유로 공동체주의 철학자 찰스 테일러*가 현대사회를 불안하게 만드는 최우선 요인으로 개인주의를 주저 없이 꼽게 된 것이다.

자유주의와 개인주의가 만남으로써 결합된 개인주의적 자유주의individualistic liberalism는 고립적 개인으로 하여금 도구적 이성을 더욱 발전시키는 형태로 사회에 참여토록 이끈다. 이로 인해 사회에서는, 공동체에게 이로운 바가 결과적으로 개인 모두의 자발적

● **찰스 테일러 (Charles Taylor, 1931~)**

현대 공동체주의를 이끄는 주요 철학자의 하나로서 캐나다 맥길대에서 정치철학을 가르쳤고 또한 옥스퍼드대에서는 마이클 샌델도 지도하였다. 그는 근대성에 대한 전면적 성찰을 도모하고 있고, 자유주의가 원자론(atomism)에 기초하고 있는 탓에 사회적 맥락을 무시하고 있다고 비판한다. 그는 인간을 역사 및 문화와 연루된 맥락적 존재로 파악할 때 개인의 정체성도 확보되고 또 자기발전도 이룩할 수 있다고 주장하고 있다.

선택에 의해 매력적으로 나타나는 경우를 제외하고, 제도적으로 공동선*을 기피하거나 오히려 그것을 해치는 양상을 허용하게 된다. 따라서 이 사조는 장점보다 단점과 후유증이 매우 크다고 할 수 있다. 특히 그것은 시장 자본주의, 즉 각 개인으로 하여금 오직 자기 자신에게 이익이 되도록 영리활동을 하도록 하고 이를 보이지 않는 시장을 통해 조절하여 경제적 파이를 최대로 늘리는 자본주의와 결탁하게 된다. 이때 문제가 되는 것은 시장에서 움트는 이윤창출의 태도가 탐욕으로 변신하여, 개인주의적 자유주의가 깃든 정계와 관료사회, 연구기관, 학교, 심지어 가정까지 스며들게 된다는 점이다.

먼저 경제시장서 빈번하게 벌어지는 탐욕의 구조적 모습을 살펴보자. 세계적 기업으로 우뚝 선 삼성전자와 LG전자는 국내시장서 최대 이윤을 확보하기 위해 가격 담합도 빈번하게 저지른 바 있다. 시장을 독점적으로 장악하고 있는 두 회사는 밀실서 만

● **공동선 (common goods)**

사회는 구성원들이 나 홀로 살아가는 곳이 아니라 이웃과 더불어 삶을 영위하는 장(場)이다. 이때 사회 구성원들이 자신들의 삶을 의지하는 공동체를 윤리적으로 아름답고 건강하게 조성하는 데 좋은 것을 일러 공동선이라고 한다. 공동체주의는 개인주의나 자유주의와 달리 사회가 지향해야 할 바람직한 목적이나 목표를 설정하여 이를 구현하는 데 적극적이다. 예컨대 기초의무교육이나 국민의료보험제도, 버스중앙차로제 시행, 지구온난화 방지 위한 온실가스 감축 등이 공동선의 사례에 해당한다.

나 서로 짜고 세탁기와 TV, 노트북PC의 가격을 임의로 올려 부당 이익을 취하였는데, 2010년부터 최근 2년 사이에 무려 세 번이나 담합을 하였다가 적발되었으니 상습적으로 시장의 교란을 자행하였다. 이것은 헌법 제119조 제2항에 명기된 바와 같이 "시장의 지배와 경제력의 남용을 배제하며, 경제 주체 간의 조화를 위한 경제민주화"를 이룩해야 한다는 조항을 정면으로 위반한 것이다.

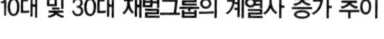

10대 및 30대 재벌그룹의 계열사 증가 추이

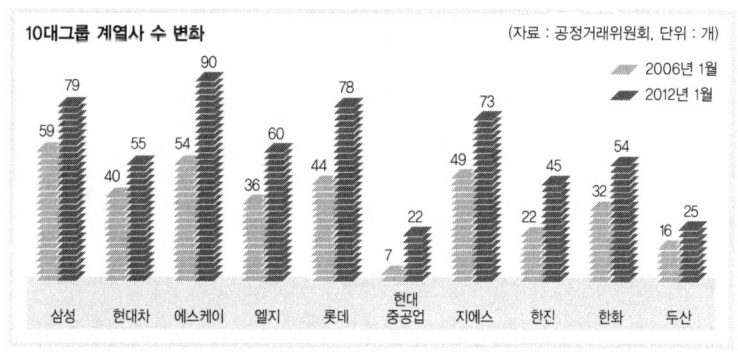

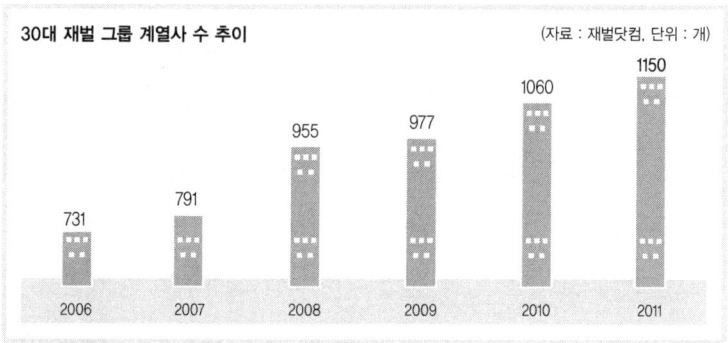

* 출처: 한겨레(2012.01.25)

특히 이명박 정부 들어서서 출자총액제한제도가 폐지되면서 주요 재벌그룹의 계열사 수가 대폭으로 늘어났다. 예컨대 2006년에서 2011년에 이르는 5년 사이에 삼성과 현대차, SK, LG그룹의 경우 각각 59에서 79, 40에서 55, 54에서 90, 36에서 60으로 그 수가 늘었다. 30대 그룹 전체로 보면, 같은 기간에 731개 계열사가 1,150개로 많아졌다. 사회 전반에 침체가 드리워져 있는데, 주요 재벌그룹은 정치권의 비호와 제도적 지원 덕분에 덩치를 잔뜩 불리면서 서민경제를 파탄으로 내몰고 있었던 것이다.

시장의 영리 추구 태도가 개인주의적 자유주의와 만나 관료사회로 스며들면, 관료주의의 폐해로도 드러난다. 그 대표적 사례가 2011년 부산저축은행 파산으로 드러난 금융감독원의 비리를 들 수 있다. '금융 시스템의 건전한 유지, 발전'이라는 공적인 명분을 갖고 있는 금융감독원이 실제로는 기관과 개인의 사적 이익을 위해 남용되기 일쑤다. 비리 규모가 7조 원에 이르는 부산저축은행의 경우 불법대출과 분식회계 등의 비리가 드러났는데, 금융감독원 전현직 직원들이 이를 방조했거나 오히려 가담한 것으로 나타났다. 이곳을 검사하던 금융감독원 부국장은 비리를 눈감아주는 조건으로 2억 원을 수뢰했다. 금융감독원의 한 직원은 다른 부실기업에게 100억 원대의 유상증자를 허용하고, 그 대가로 5억 원을 받았다. 이처럼 금융감독원 직원들 일부는 현직에 있을 때 비리에 개입하여 돈을 챙기고 또 퇴직 후에는 각종 금융기관의 감사 등으로 재취업하여 부정한 행위의 뒤를 봐주고 있다. 이로 인해 초래되는 불이익은 은행의 예금주가 보게 되고 또 부실을 메워 주는 공적자금 투입의 세금은 국민이 부담한다. 관료주의의 폐해는 우파의 보수주의 정치에서 강화되어 나타나기 십상이다. 특히 이것은 미국에서 횡행하는 개인주의적 자유주의가 한국에 이입되면서 더욱 두드러지게 나타나는 양상이다.

제3범주 정치와 한국의 보수정당 평가

근대화를 겪고 또 제2차 세계대전을 치르면서 조성된 정치적 지형 속에서 제1범주의 정치철학이 그 정체성을 분명히 하는 가운데 탄생했다. 이른바 보수 우파의 정당이 사회질서를 안정화시키면서 자유주의를 정치적 핵심 가치로 채택한 것이다. 반면 자본주의의 모순을 비판하면서 계급차별을 종식시키려는 제2범주의 정치세력도 등장했는데, 이들은 평등주의라는 정치적 기치를 내걸고 사회주의나 사회민주주의의 이념을 실현하는 사회 건설을 표방하고 나섰다. 제2의 정치철학에 대해서는 이후 살펴볼 것이지만, 필자는 복잡하게 파편화된 21세기 현대사회가 새로운 정치적 사조, 즉 제3범주의 정치철학을 요청한다고 본다.

더불어 살아가는 공동선 정치

필자가 주창하는 제3범주 정치약칭 제3정치는 자유주의, 특히 개인주의적 자유주의와 궤를 달리 한다. 그것은 사회 구성원 사이의 관계성을 중시하되, 인애仁愛와 같은 연계적 미덕의 가치가 성숙하도록 사회제도가 적극 뒷받침을 함으로써 더불어 살아가는 공동체의 실질적 지평을 조성하고자 한다. 현대의 보수 우파가 결탁하는 개인주의적 자유주의는 고립적 자아를 경쟁으로 내모는 정치를 일삼게 되어 사회를 비리와 부정으로 얼룩지게 하는 반면, 사랑과 인애, 배려를 기치로 하는 제3정치의 철학은 연계적 자아로 하여금 이웃과 기쁨 및 슬픔을 함께 나눔으로써 공동선을 증진하는 정치를 수행하게 된다. 제3의 정치철학은 사회제도를 통해 개인의 이기심과 악덕이 제약되도록 유도하는 반면, 정직 및 존중과 같은 사회적 미덕good virtues이 함양되도록 인도한다. 그것은 공동체의 유기적 특성을 존중한다.

제3정치로 본 보수정당 평가

미덕을 함양하는 데 주안점을 두는 제3의 정치철학적 관점에서 보수 우파를 자임하는 새누리당전 한나라당의 행태에 대해 간략히 평가를 하도록 하자. 일단 권력을 잡고 그것을 유지하기 위해 수단과 방법을 가리지 않는 측면이 있다. 자본주의 체제 속 기업이 이윤창출을 위해 그렇게 하는 것과 동일하다. 서로 뿌리를 공유하기 때문이다. 1970년대와 1980년대의 군사정부 시절만이 아니라, 2002년 대선 과정에서 한나라당의 이회창 후보 측이 권력을 동원해서 불법으로 800억 원 이상의 정치자금을 모금함으로써 '차떼기' 불법자금 정당의 오명을 쓴 바 있다. 당시 삼성과 현대차, SK, LG그룹 등으로부터 각각 1백억 원에서 1백5십억 원에 이르기까지 거의 1천억 원 정도를 불법 모금하여 대선에서 사용한 전례를 갖고 있다. 이런 구태는 지금도 계속되고 있어서, 2012년 새해 벽두에 고승덕 의원이 폭로한 것처럼 2008년 7월에 대표를 선출하는 한나라당 전당대회에서 박희태 후보 측이 대의원을 상대로 돈다발을 뿌렸다는 것이 사실로 드러났다.

정치권은 지역 이기주의를 부추기는 경향이 강한데, 이것은 보수 우익 진영에서 더욱 두드러진다. 예컨대 대통령의 형인 이상득

● 파시즘 (fascism)
제1차 세계대전 이후 이탈리아와 독일에서 형성되었는데, 민주주의를 거부하고 독재에 따른 전제적 정치를 펼치며 반공주의를 기본 기조로 갖고 있다는 점에서 극단적 우파의 전체주의 사조이다.

의원의 포항 지역구에는 이명박 정부 출범 이후 첫 3년 동안 무려 1조 원이 넘는 예산이 배정되었다. 다른 곳의 2~3배 수준인데, 국민의 세금이 엉뚱한 곳으로 새고 있음을 말해준다. 보수 우익은 상대적으로 고루한 탓에 가부장적 권위 의식이 강하고, 이런 탓에 성차별에 따른 문제를 야기하는 경우가 빈번하다. 2006년 2월 한나라당의 최연희 사무총장이 동아일보 기자단과 회식하는 자리에서 여기자에게 성추행을 함으로써 물의를 빚고 사무총장직을 사퇴한 경우가 대표적이다. 그리고 2010년에 한나라당 강용석 의원은 여대생들과의 회식 자리에서 젊은 여성이 사회적 선망 대상의 아나운서직에 지망하려면 성적으로도 "다 줄 생각을 해야" 한다는 발언을 함으로써 사회적으로 큰 물의를 빚었고 이에 당에서 퇴출을 당했는데, 더욱 가관인 것은 국회의원 다수가 강의원의 의원직 징계를 받아들이지 않음으로써 면죄부를 주었다는 데 있다. 다수의 국회의원에게 성차별적 의식이 강하게 드리워져 있음을 입증한다고 하겠다.

보수 우익이 보이는 가장 저질의 정책적 과오는 비판적 언론에 대한 탄압과 결탁적 언론유착에 있다. 민주사회의 어떤 정부에서도 정책을 펼 때, 이에 의견을 달리하거나 비판적인 언론 및 출판, 집회가 존재하는 것은 당연하다. 과거 박정희 정권은 종신 독재를 획책하기 위해서 민주화와 언론에 대해 무자비한 탄압을 가함으로써 파시즘*의 성격을 띠었었다. 예컨대 1975년에 양심적

인 동아일보 기자를 필두로 다수의 언론사 기자를 대량으로 해직했었다. 이러한 현상은 박정희 사후 12.12사태로 등장한 신군부의 전두환 정권이 들어섰을 때도 강하게 드러났다. 등장 과정에서 비판적인 언론사는 통폐합이 되었고, 그 이후 모든 방송언론사의 경영진과 편집국에는 정권이 통제를 위해 건네는 보도지침이 전달되었다.

민주화가 상당히 성취된 상태에서 등장한 이명박 정부가 과거와 비슷하게 비판적 언론을 탄압하고 그것의 길들이기에 나섰다는 것은 놀랍고도 이례적인 일이다. 2008년에 광우병 우려가 불식되지 않은 미국산 쇠고기 수입 재개와 관련해서 촛불시위가 평화적으로 전개되었는데, 이를 무자비하게 탄압한 바 있다. 이명박 정부의 경제 실정을 예리하게 비판하여 눈길을 끈 미네르바 박대성을 구속한 것도 같은 맥락이다. 국무총리실 공직윤리지원관실에서 정권에 비판적인 정치인은 물론 민간인까지 사찰하여 탄압하는 행태를 보인 것은 군사독재가 이루어지던 시절에나 저지르던 가장 비열한 행태에 속한다.

왜 2011년에 인터넷 팟캐스트인 〈나는 꼼수다〉라는 프로그램이 선풍적 인기를 끌면서 국제사회로까지 알려지게 되었겠는가? 이유는 간단하다. 보수 우익의 정부가 관행적 수법을 사용하여 언론을 통제하다 보니 그 틈새를 비집고 등장한 〈나는 꼼수다〉 프로그램이 은유적 수사법으로 감춰진 정치적 사실과 미확인 소식을 신랄하게 폭로하고 있고, 이로써 좌절과 절망에 빠진 청년과 국민들 다수가 그 방송을 통해 일부 진실을 듣고 또 억눌린 의식의 정서적 카타르시스를 향유하고 있는 것이 아니었겠는가. 어쨌든 보수 우익 정부의 야수적인 언론탄압 행태가 19세기도 아닌 21세기에 여전히 벌어지는 이유는 사회 지배계층에게 유리한 것을 답습하는 그릇된 전통이 그 집단에 배어 있기 때문인데, 이 점은 바로 보수 우익이 빠지기 쉬운 속성이다.

한국의 보수 우익은 불합리한 지역 이기주의에 편승하여 시장의 탐욕이 경제 지평을 넘어 사회 곳곳으로, 심지어 학교와 가정에까지 파급되는 정책을 구사하고 있다. 특히 관료주의를 이용하다 보니 그 폐해가 번지는 것을 차단하지도 못하고 있다. 이로써 나라가 온통 반칙과 부정, 부패의 온상이 되고 말았다. 정치와 경제, 사회 영역의 뒤에서는 이기심이 날로 독버섯처럼 자라고 있다. 보수 우익은 시장(만능)주의를 선호하는 자유(지상)주의를 외치면서도 자유주의 가치의 핵심인 언론의 자유를 유린하는 파시즘적 자유주의 유파로 변질되고 말았다. 2012년 초 4.11총선거를 앞두고 새누리당 비상대책위원회에 영입된 김종인 전 청와대 경제수석이 당 강령에서 '보수'라는 표현을 삭제하자는 주장을 제기함으로써 논란을 촉발한 바 있는데, 이것은 구태의연한 행태를 보이는 보수 우익 집단의 정치가 이 나라에서 자취를 감추는 것이 좋겠다는 것으로 해석해도 좋을 듯하다.

실제로 이 나라의 보수 우익의 정당이 적어도 지금까지는 본래적 의미의 보수정당이 아니었다고 평가해도 무방할 듯하다. 즉 가짜 보수였다고 해도 과언은 아닐 것이다. 그렇다면 차라리 진짜 보수 우익으로 태어나라고 권고하고 싶다. 현대적 보수 우익은 자유주의를 기본 가치로 삼고, 시장(만능)주의를 선호하면서 작은 정부를 지향하는 정치철학을 갖는다고 할 수 있다. 자유주의에도 여러 가지 정치적 한계가 있지만, 적어도 그 본래적 가치에 충실한 자유주의 정당은 필요하다고 할 수 있다. 새누리당이 보수 우익을 자처하려면 자유주의 가치를 바르게 추구하는 정당으로 거듭나야 할 것이다. 그렇지 않다면 국민에게 외면을 당하다가 마침내 소멸되는 비극을 맞게 될 것이다.

한국 진보정당과
정체성 해부

3

The Third Politics Concert

진보와 좌파, 그리고 평등주의

　한국의 근현대사는 우리 민족이 혹독한 시련을 겪었으면서도 가장 빠르게 난관을 극복하였음을 잘 말해주고 있다. 제국주의의 망령이 세계를 휩쓸던 무렵인 20세기 초에 나라를 일제에 의해 강제로 빼앗겼고 외세에 의해 해방을 맞이했지만, 이내 동족 상잔의 6.25전쟁을 치러야 했다. 그리고 전쟁의 참화 속에 산업화를 이룩했고, 그 이후 민주화도 의미 있게 성취함으로써 세계 속의 코리아를 각인시킬 정도로 성장했다. 그러나 이 과정에서 한국의 정치는 좌와 우, 보수와 진보 진영으로 나뉘어 서로 다른 사회적 기여를 하면서도 치열한 접전을 벌이는 지속적인 갈등 관계를 노출하고 있다. 향후 한국 정치의 성숙을 위해 기존 정치권의 두 축 가운데 하나인 진보 진영에 대한 이해와 평가가 필요하다고 여겨진다.

진보는 크게 세 범주로 나누어 볼 수 있다. 첫째는 물리적 진보physical progress로서 흔히 성장이나 발전을 뜻하는 것으로 볼 수 있는데, 사회의 물질적 생활여건이 개선되는 것을 꼽을 수 있다. 둘째는 규범적 진보normative progress로서 도덕의 관점에서 나쁘거나 그릇된 의식과 제도가 좋거나 옳은 것으로 바뀌는 것을 말한다. 셋째는 정치적 진보political progress로서 사회제도를 능동적으로 개선하는 것을 의미한다. 정치권서 논의되는 진보는 세 번째 것을 의미하지만, 그것은 두 번째의 규범적 성격과 밀접하게 상관적인 것으로 보아야 한다.

진보와 평등주의

진보주의progressivism는 사회 변화를 적극적으로 선호하거나 제도적 개혁을 도모하는 정치적 사조이다. 역사적으로 진보 운동은 19세기 말부터 시작되었는데, 영국에서 가정과 일터에서 매우 척박한 여건에 놓인 사람들을 돕는 데 관심을 가진 것에서 출발했다. 어원학적으로 '보수'가 '우파'와 관련되어 있는 것처럼, '진보'도 '좌파'leftist 또는 '좌익'left-wing과 결부되어 있다. 프랑스대혁명 당시 의장석 오른쪽의 집단이 전통의 계급사회를 유지하는 입헌군주제에 찬성한 것과 달리, 만인의 평등을 내세우면서 공화제를 주장한 개혁적 집단은 의장석 왼쪽에 자리를 잡고 있었다. 이후 좌파 정치는 평등주의를 구현하는 사회를 지향하기 시작했다. 물론 1917년의 소비에트 혁명은 좌파 정치를 이데올로기적으로 고착시키는 결정적 계기로 작용했다. 이것은 한국 사회에도 커다란 영향을 끼침으로써 근현대적 좌파는 색깔로는 적색을 의미하면서 형식적 평등을 넘어 실질적 평등을 최대한 구현하려는 이데올로기 집단으로 간주되기에 이르렀다.

평등주의egalitarianism는 인간 각자가 삶을 영위하면서 모두에게 공통되는 사회의 기본적 가치(재화 등)를 구성원 모두에게 평등하게 분배하거나 또는 최소한의 적정선을 보장해주고자 하는 사조라고 할 수 있다. 이런 의미에서 평등주의는, 자유주의와 대비시킬 때, 사회주의나 사회민주주의, 마르크스적 공산주의와 강하게 연동되는 것으로 파악할 수 있다. 이념적 차원에서 접근하는 현대의 평등적 사회주의는 형식적인 평등을 넘어 그것이 사회제도를 통해 실질화하는 데 주력하는 입장이라고 보아야 한다. 자유주의가 시장경제를 지지하는 것처럼, 사회주의socialism의 경제철학은 사회 속에 실질적 평등이 가능한 한 보다 많이 구현되도록 국가의 계획경제를 지지한다. 자유주의 시장경제는 개인 각자가 자신에게 이익이 되는 영리 활동을 하도록 하면서 보이지 않는 시장으로 하여금 경제적 파이가 커지도록 자동으로 조절하는 데 초점을 맞추는 반면, 사회주의 계획경제는 국가로 하여금 사회 구성원 사이의 평등이 이루어지도록 경제적 계획을 세워 집행한다. 자유주의 시장경제는 시장의 교환이 자유롭게 이루어지도록 절차procedure에 공정성이 구현되도록 하는 반면, 사회주의 계획경제는 평등한 사회 구성원의 필요가 충족될 수 있도록 결과result에 개입한다. 이렇게 대비적으로 살필 때, 역사적으로 일련의 자유주의 군群의 사상자유주의와 신자유주의, 자유지상주의, 시장 자유주의 등이 제1범주의 정치를 형성하고 있다면, 일련의 평등주의 군의 사상사회주의와 공산주의, 사회민주주의 등 역시 제2범주의 정치를 조성했다고 볼 수 있다.

마르크스와 정의

평등주의를 제도적으로 선명하게 체계화한 칼 마르크스*는 자본주의 체제에서는 정의를 거론할 수 없다고 보았다. 신분제 계급

● **칼 마르크스 (Karl Marx, 1818~1883)**
독일 태생의 경제(철)학자이자 혁명가로서 과학적 사회주의를 창시하였다. 그는 역사를 변증법적 유물론의 시각으로 조망하여 프롤레타리아의 역할에 주목하였고, 이로써 자본가의 노동 착취를 청산하는 무계급사회, 즉 공산주의(communism)를 실현하고자 하였다. 1848년에 '공산당 선언'을 기초하여 유럽 혁명의 불씨를 더욱 강하게 지폈고, 이후 주저인 『자본론(Das Kapital)』을 집필하여 자본주의를 대체할 공산주의 경제 체제를 구체화하였다. 그는 인류 사회의 제도 속에서 평등이 형식적 성격에서 보다 실질화하는 데 가장 커다란 영향을 끼쳤다.

질서가 드리워진 봉건제 사회에서 정의가 없듯이 경제 계급으로 분화된 자본제 사회에서 정의를 논의하는 것이 무의미하다고 여겼다. 그는 자본주의 체제에서 생산력이 일정하게 성장하다가 자본가와 노동자의 대립적 갈등을 빚는 특징적 생산관계로 인해 생산성이 정체되어 마침내 그 체제가 몰락을 고할 것이라고 예측했다. 즉 자본주의 체제가 생산력과 생산관계의 모순으로 인해 혁명을 자초하여 붕괴될 것이라고 판단했다.

혁명 이후 도래할 공산주의 1단계인 사회주의 체제에서는 계급적 분화를 일으킨 생산수단(토지와 산업설비 등)에 대해 공유화 조치가 취해지게 된다. 현존 사회주의의 등장 이후 비로소 정의의 실현이 가능해지는데, 그 원리는 생산재의 사회(또는 국가) 공유화 기반 위에서 "각자에게는 그의 능력에 따라서(일하게 하고), 각자에게는 노동기여에 따라" 분배를 받는 방식을 채택하는 것으로 집약된다. 다만 마르크스는 첫 번째 사회주의 단계에서는 아직도 사회정의 실현이 온전하지 않다고 보았다. 왜냐하면 자본주의의 잔재가 남아 있다고 생각하기 때문이다. 노동기여에 영향을 미치는 총명한 지능이나 강건한 신체 능력 등은 부모로부터 받은 우연적 특성을 띤 것이고, 우연으로 인해 사회적 삶이 차별화되는 것 역시 건전하지 않다고 여겼다. 그는 진정한 공산주의 사회에서는 정의의 분배 원리가 달라져야 한다고 판단하였다. 그렇다면 언제 1단계에서 2단계로 넘어갈 것인가? 그 시기는 모든 인민의 생활상의 기본적 필요가 만족될 정도로 사회적 생산물이 풍요를 구가하게 될 때이다. 그래서 마르크스는 『고타강령비판(*Critique of the Gotha Program*)』이란 글에서 "공산주의 사회의 더 높은 단계에 이르러서 … 생산력 또한 증대됨으로써 집단적 부의 원천이 풍부하게 차고 넘치게 되면, 그때 비로소 부르주아적 권리의 지평을 완전히 넘어서면서 사회는 그 깃발에 이렇게 적을 수 있게 된다. '각자에게는 그의 능력에 따라서, 각자에게는 그의 필요needs에 따라서'"

물론 현존 사회주의는 마르크스의 예측과 다른 방향으로 나아가 20세기 말에 몰락을 고히었다. 그 이유에 대해서는 논쟁의 소지가 많다. 예컨대 공산당 일당의 독재로 인해 형성된 닫힌 사회의 폐쇄성의 한계일 수 있고, 계급 없는 사회가 조성되면 노동에 임하는 인민의 인간성이 전면적으로 개선될 것이라고 내다본 순진한 예상이 빗나간 것일 수 있으며, 또한 야수와 같은 자본주의 체제와 경쟁하다가 힘에 부쳐 제 풀에 고꾸라진 것일 수도 있다. 어찌 되었든 사회주의의 이상은 마르크스 이전부터 시작해서 마르크스 이후 20세기 중후반에 이르기까지 서방의 선진국과 국제사회에 커다란 영향을 끼쳤고, 이 과정에서 사회민주주의*의 태동까지 촉발했다. 서구의 복지국가 출현에 적지 않게 기여했음은 물론이다. 여기서 확인하게 될 사회주의의 특징은 전통적인 사회제도 개혁에 적극적이고, 중앙에서 이루어지는 총체적 계획에 의거하여 평등을 실질화하는 데 주력한다는 점이다.

● **사회민주주의 (social democracy)**

과거 사회민주주의는 사회주의와 거의 동일한 의미로 쓰였다. 그러나 서유럽에서 1917년의 소
비에트혁명과 제2차 세계대전을 겪으면서 사회민주주의는 성격 변화를 일으켜서 자본주의
와 마르크스적 공산주의 양자의 절충을 모색하는 제3정치의 길로 추구되었다. 그것은 프롤
레타리아 혁명을 거부하고 의회 민주주의를 유지하면서 사회주의 이상을 점진적으로 구현하
려는 사조로 나타났다. 이런 사회민주주의는 평등을 형식적 수준에서 보다 실질적인 단계로
구체화하게 되는데, 이로써 복지국가의 이상이 태동되었다.

사회주의와 사회적 기본권

사회주의와 사회민주주의가 국제사회에 끼친 권리의 측면에서 갖는 기여에 대해 살펴보자. 순수 자유주의나 자유지상주의는 인간 각자가 자유와 생명, 사유재산의 권리와 같이 스스로 갖출 수 있으면서 타인으로부터 침해당하지 않을 소극적 권리를 갖는다고 주장한다. 반면 실질적 평등을 중시하는 사회주의는 인간의 사회적 기본권도 분별하여 존중한다. 1948년에 UN이 채택한 세계인권선언에는 이런 유형의 권리를 포함하고 있다. 예컨대 사회 구성원 일부가 가난한 부모를 만난 연유로 배를 곯고 있어서 기아에 노출되어 있거나 기초교육도 받지 못하거나 병이 나서 아픈데 질병 치료도 받지 못하는 경우가 발생한다. 이때 그 절박한 개인은 자신이나 직계 가족이 스스로 해결할 수 없지만, 사회로부터 이를 제공받을 권리를 갖는다고 본다. 이런 권리는 각자가 자신이

아닌 타자, 즉 사회나 정부로부터 받을 권리이기 때문에 적극적 권리positive rights라고 하는데, 이것은 사회적 기본권으로 분류된다.

자유지상주의를 도모하는 정부는, 각자가 처한 딱한 사정은 개인이 감당해야 할 몫이므로, 이에 대해 국가가 관여할 일이 못 된다고 몰인정한 태도를 취하게 된다. 반면 사회적 기본권을 중시하는 정부는 보편적 복지의 일환으로 제도를 통해 이를 구현하고자 한다. 이런 관점에서 보면 소극적 권리만이 아니라 적극적 권리에도 관심을 기울이는 정부가 더 인도주의적이라고 할 수 있으므로 평등의 기치는 자유의 가치와 함께 구현되어야 하는 것으로 볼 수 있다.

집단적 전체주의의 폐해

역사적으로 평등적 사회주의 국가 체제가 심각한 양상의 문제를 초래하고 있음에도 유념할 필요가 있다. 자유주의가 이성적 자유의 진앙지로 개인에게 초점을 맞춤으로써 개인주의와 결부되어 개인주의적 자유주의로 부상하게 되는 것처럼, 평등주의는 사회 구성원 간의 관계성에만 주안점을 둠으로써 전체주의와 결부된다. 이때 사회의 유기적 관계성보다 사회 전체를 부각시키게 되면, 즉 사회를 개인과 같은 유기체 자체로 보아 이에 초점을 맞추게 되면, 평등적 사회주의는 집단적 전체주의*로 이행하는 미끄럼을 타게 된다. 이렇게 되면 현존 사회주의의 스탈린* 체제가 보여준 바와 같이 전체를 위해 개인이나 소수자의 권리를 희생시키는 전체주의의 폐해를 드러내게 된다. 특히 공산당의 일당 독재는 사태를 최악으로 몰고 가는 주범이다.

평등주의적 정책 조정

평등의 가치는 자유의 가치와 더불어 소중하다. 자유주의는 자유를 최고의 가치로 여기면서 자유적 이성을 간직한 만인

● **전체주의 (totalitarianism)**

개인이 전체라는 사회 속에서 그 존재 의미를 가지며 전체로서의 국가가 개인의 자유보다 항상 우선하기 때문에, 국가 권력이 국민 각자의 생활에 간섭하여 통제할 수 있다는 사상과 체제를 뜻한다. 우파적 전체주의로는 파시즘과 나치즘이 있고, 좌파적 전체주의로는 스탈린 치하의 소비에트 공산주의 체제를 가장 전형적인 것으로 꼽을 수 있다.

● **스탈린 (I. V. Stalin, 1879~1953)**

러시아에서 레닌(N. Lenin)을 도와 1917년 10월에 볼셰비키 주도의 혁명을 성공적으로 이끌어내어 프롤레타리아 독재의 기반을 마련하였다. 레닌의 협조 속에 1922년에 공산당 총비서로 선출되었고, 레닌주의를 마르크스주의와 적극적으로 결부를 지었으며, 자신의 정치 노선에 장애가 되는 정적을 과감하게 숙청하는 등 국가 권력의 정점에서 권위주의에 의거한 공포정치를 자행하였다.

이 법 앞에 평등함을 주창한다. 이것이 옳은 말이기는 한데, 자유주의가 승인하는 형식적 평등만으로는 매우 허전함을 감출 수 없다. 왜냐하면 현실 사회에서 만인은 실질적으로 평등한 것이 아니기 때문이다. 세상에 태어나고 보니, 누구는 재벌의 자녀로 태어났거나 부모로부터 똑똑한 머리나 강인한 신체조건을 받아서 출생한 반면, 누구는 가난한 빈농의 자녀로 태어났거나 부모로부터 우둔한 머리나 허약한 체질을 물려받아서 출생하였다. 심지어 누구는 장애를 갖고 태어나기도 한다. 이때 각 개인이 태어나면서 물려받게 되는 속성은, 마땅히 그가 그런 것을 받을 온당한 자격으로 인해서가 아니라, 우연적인 것이라고 보아야 한다. 도대체 장애로 태어난 아이가 그것을 받을 책임의 몫 때문에 그렇게 되었다고 평가하는 것은 완전히 빗나간 생각이다.

우연성은 사회적으로 최소화되어야 한다. 가령 대학의 강좌에서 강의와 발표, 토론, 공부, 그리고 시험을 치르고 학점을 부여받을 때 제비뽑기로 결정을 한다고 하자. 누구는 공부를 하나도 안 하고서 A, 누구는 열심히 공부해서 발표와 시험을 잘 치렀는데도 뽑기를 잘못해서 F를 받았다면, 이런 대학의 학점 평가에 승복할 수 없을 것이다. 누구나 제비뽑기에 참여할 동등의 자격을 갖고 있으므로 형식적으로는 평등하지만 우연에 의해 중요한 것이 좌우되는 사회가 있다면, 그런 사회는 매우 건강하지 못하다. 따라서 우연에 의해 인생의 출발선이 부당하게 차이가 나는 것에 대해서는 사회적 교정이 필요할 것이고, 그에 따른 평등주의적 기획과 조정이 이루어져야 한다. 이때 유념해야 할 것은 인간에 대한 최소한의 존엄성이 유지될 수 있도록 해야 한다는 점이다. 물론 평등주의적 기획과 배려, 결과적 조정이라는 명분 아래 기본적 자유의 권리를 침해하는 어떤 형태의 비민주적 권위나 전체주의적 집행도 함께 종식되도록 고려해야 할 것이다.

한국의 진보 좌파 정당과 정체성

 정치적 진보는 사회변화를 적극 도모하는 입장인데, 여기에 규범적 진보의 개념을 결합시키는 정치철학적 조망이 가능하다. 정치규범적 진보는 사회를 도덕적으로 바람직한 방향으로 변화시키고 인도하는 입장을 취하게 된다. 이런 관점에서 박정희 정부가 경제성장을 도모하면서 독재를 펼칠 때 민주주의 실현을 위해 애를 쓴 행보는 진보로 평가를 받을 수 있을 것이다. 한국적 진보에는 민주화 세력이 포함된다. 이에 민주화 진영이 의미를 부여할 정도로 세력화하여 정치적으로 참여한 오늘날의 민주통합당**약칭 민주당**은 일정하게 진보성을 담지한다고 볼 수 있다. 최근에는 건강한 시민사회 진영의 일부 인사들도 동참했으니 그런 평가가 틀린 것은 아닐 것이다. 다만 민주당은 지역적 소외를 받아 온 호남을 정치적 지지 기반으로 삼고 있고, 이에 따라 호남의 보수적 인사 다수가 당에 큰 영향을 끼치거나 장악할 정도인 것도 분명하다. 결국 민주당은 보수와 진보가 혼재하는 양상을 보이고 있으므로 당의 정체성identity은 불분명하다고 평가해야 한다. 역사적으로 어떤 정책은 매우 보수적이었고 또 어떤 정책은 진보 좌파 정당과 흡사할 정도로 급진적 특성을 보여준 바 있음은 이를 잘 말해준다고 할 수 있다.

1987년 이후 진보 좌파의 정당

민주화 운동의 세력 일부는 여러 단계를 거쳐 민주당에 합류하였지만, 또 다른 일부는 진보 좌파의 색채가 분명한 정당을 창당했거나 이에 합류하였다. 과거 1987년 민주화대투쟁의 가시적 성과에 힘입어 1990년에 창당된 민중당은 좌파 성격의 혁신적 정당의 기치를 내걸고 1992년에 치러진 제14대 총선거에 임했으나, 1명의 의석도 확보하지 못함으로써 정당법에 의해 소멸되는 비운을 맞이했다. 그리고 오랜 동안의 노동운동을 추진했던 세력들이 힘을 합세하여 1995년에 민주노총전국민주노동조합총연맹을 건설하였고, 그 여세를 모아 2000년에 민주노동당을 창당하였다. 민주노동당은 전문에서 "민주, 평등, 해방을 최고의 가치로 추구한다"고 천명하였는데, 당명에서도 확인할 수 있는 것처럼 노동자 계급의 정당임을 분명히 하였다. 2011년 말에 민주노동당이 외연을 다소 확장하여 통합진보당으로 변신하였는데, 주축 세력 은 그대로라고 볼 수 있다. 다만 통합진보당은 노동자계급의 정 당 색채를 다소 완화하여 보편적 복지의 실현 등 다원적 가치를 다소 반영하는 유연성을 보여주고 있다.

적어도 오늘날 한국 사회에서 진보와 좌파의 의미는 중첩되면 서도 차이를 드러내고 있다. 민주당이 진보 정당의 범주에서 배 제되지 않지만, 좌파 정당의 범주에서는 배제된다. 통합진보당의 전신인 민주노동당은 좌파 정당이라고 해도 무리는 없다. 단어 는 제정 당시의 본뜻을 갖고 나타나지만, 사회적 용도에 따라 의 미 변화가 이루어진다. 한국적 맥락에서 진보(주의)는 보수와 대 비되어 규범적으로 바른 방향을 향해 사회변화를 능동적으로 도모하는 사조라고 한다면, 좌파는 노동자 집단을 핵심으로 한 사회적 약자 계급의 입장을 대변하는 이데올로기 집단이라고 할 수 있다.

진보와 보수 널뛰기의 중도 민주당

한국적 의미 규정에 따르면, 민주당은 과거에도 그런 것처럼 진보를 추구하지만 그 바탕에는 보수의 색채가 드리워진 까닭에 빈번하게 뒤섞여서 정체성이 분명하지 않은 모습을 보일 것으로 전망된다. 민주당의 보수성은 호남을 정치적인 텃밭으로 삼고 있다는 데서 연유하는데, 확실한 지역적 지지 기반이 가져다주는 정치적 매력을 스스로 포기하려고 결단을 내리지 않는 한 정체성 불분명은 지속될 것이다. 물론 내부 일각에서는 자유와 평등의 이원적 가치를 배합하는 2차원의 중도 성격의 정당이라고 규정짓기도 하는데, 논란의 여지는 적지 않다.

민주당과 달리 통합진보당은 유연한 좌파의 색채를 내는 정체성을 드러낼 것으로 보인다. 다만 민주노동당의 세력이 대부분이고, 민주노총의 내부적 지원을 받기 때문에 여전히 이념적 갈등 양상을 보일 것이다. 북한 정권에 대해 매우 우호적이었던 민족해방NL 기치의 계열이 중심 흐름을 형성하고 있고, 소수의 민중민주PD 기치의 계열과 이념적 색채가 옅은 노사모 계열이 합세하였는데, 서로 화학적 결합을 이루어내어 새로운 시대적 흐름에 부응하는 진보 진영으로 탈바꿈하리라고 보기는 어렵다. 그래도 정체성을 다른 정당에 비해 상대적으로 분명하게 드러냄으로써 노동자계급과 농민, 도시 서민을 위한 정치적 기여를 일정하게 거두게 될 것만은 분명하다. 그러나 화석화된 좌파 이데올로기에 집착하는 정도만큼 정치적 한계 또한 갖고 있어서, 향후 한국 사회를 성숙한 지평으로 인도하는 데는 성공을 거두기 어려울 것으로 전망된다.

3차원 정치철학으로 본 진보정당의 평가와 전망

제2차 세계대전 이후 보다 분명하게 모습을 드러낸 세계 속의 보수정당은 자유주의 가치를 가장 중시하고 있는데, 시장주의가 파이를 키워서 사회를 번영으로 인도할 것임을 주장하고 있다. 이와 대조적으로 진보정당은 평등주의 가치를 내세우면서 시장에 대한 국가 개입을 강조하고 있고, 보편적 복지와 같이 사회적 약자의 삶의 질이 개선되는 정책을 펼치고자 한다. 따로 떼어놓고 보면, 어느 쪽의 의견도 그럴 듯하게 여겨지고 또 각자가 한계를 갖는 것으로 비춰지기도 한다. 이렇게 판단되면, 『전환시대의 논리』라는 명저를 남기면서 민주화에 기여한 해직교수 출신의 학자 리영희* 교수가 말한 바와 같이 새가 좌우의 날개로 날듯 자유와 평등을 함께 조율하는 중도를 표방하는 것도 가능하다. 이때 중도 노선이 종종 제3의 정치적 지평으로 간주되곤 했다.

자유와 평등의 조합, 2차원 중도정치

좌와 우 사이의 스펙트럼에 위치하는 지평, 즉 자유와 평등의 가치를 적절히 배합하는 중도가 가능할 수 있다. 중도우파와 중도좌파 등이 그런 맥락에서 천명되고 있다. 필자는 이 지평을 2차원 중도정치 또는 이원적 제3정치라고 표현하고자 한다. 이렇게 부르는 연유는 자유와 평등이라는 두 가지 가치 개념으로 일정한 조합을 하고 있기 때문이다.

인애(仁愛)의 가치와 공동선

필자는 정치가 바르게 구현되려면, 2차원 제3정치를 넘어서야 한다고 본다. 자유와 평등의 가치가 매우 필요하고 소중한 것들이지만 그것만으로는 불충분하다. 그것만큼, 아니 그것보다 우선하는 가치가 있다고 생각한다. 대표적으로 성경은 인간이 살아가면서 갖추어야 할 최고 덕목으로 사랑을 꼽았다. 또한 불교는 자비, 유학은 인을 최고의 가치로 내세웠다. 물론 그것 이외에도 일반적 덕목으로 정의와 용기, 정직, 절제, 배려 등을 들 수 있다. 이때 사랑과 자비, 인은 보편종교가 내세운 공동체 사회의 최고 덕목인데, 이 셋을 아우르는 개념으로 필자는 '인애fraternal love'를 사용하겠다. 인애는 사람들이 더불어 살아가는 사회에서 구현해야 할 최고의 미덕good virtues의 가치이다. 인애는 미덕의 대표성을 띤 것으로서 공동선을 실현하는 데 최고의 가치이다. 그런데 이런 훌륭한 덕목은 단지 가정과 학교에서 가르치고 배워야 할 것으로만 치부되었다. 그 결과 미덕은 사적인 것으로 치부될 뿐 공적인 영역에서는 방치되는 현실에 이르렀다.

산업문명의 자본주의 체제에서는 시장에서 작동하는 경제적 이윤창출의 동기가 탐욕으로 증폭되기 십상이다. 2008년에 뉴욕 월가에서 촉발되어 세계적 금융위기로 번진 사태는 자본주의 시장의 탐욕이 빚어낼 수 있는 추악한 모습을 가장 적나라하게 보여준 대표적 사례이다. 이와 같은 약삭빠른 이기심은 경제 시장을 넘어서서 어느덧 공직사회와 대학, 연구기관, 초중등 교육현장, 심지어 가정에도 침투했다. 경제적 시장체제는 이기심을 부추기는 제도이다. 경제를 만사로 여기는 물질 숭배의 세상에서 사회 곳곳에 이기적 탐욕이 드리워져 있고, 이로 인해 기회만 주어지면 부정과 부패, 폭력과 배신이 줄줄이 이어지고 있다. 사회가 건강해지려면 이기심이 아니라 인애의 가치가 소중하게 피어날 수 있어야 한다.

3차원 공동선의 정치

미국처럼 자유주의가 만개하든 사회주의적 평등주의가 구현되든, 사람이 인애의 미덕을 지닌 공동체 구성원들로 변하지 않는 한, 어떤 사회제도에서도 정책적 백약을 처방하더라도 행복한 사회로 가는 실질적 효과가 나타나지 않으리라고 본다. 그렇다면 해법은 분명하다. 사회제도가 이기심을 마냥 부추기도록 지원하거나 방치할 것이 아니라, 오히려 아름다운 덕목을 함양할 수 있도록 인애의 가치 범주에 기반을 둔 공동선의 정치를 펼쳐야 한다.

이를 새에 비유해 보자. 새는 좌우의 날개로 날지만, 그 가운데 머리에서 꼬리까지 이어지는 몸통이 주축이다. 몸통에 해당하는 것이 공동체의 미덕일 터이고, 그 두뇌에 해당하는 것이 바로 인애가 될 것이다. 인애를 뜨거운 가슴이나 심장으로 비유하는 것도 가능하다. 여하튼 새는 머리를 치켜들고 눈으로 멀리 내다보면서 좌우의 날개를 조절하는 가운데 비상하거나 날고 또 착지한다. 필자는 인애의 시각으로 공동체 사회가 나아가야 할 방향을 설정하여 몸의 중심적 균형을 잡는 가운데 좌우로 평등의 가치와 자유의 가치를 중용에 따라 조율하는 형태로 정치를 펼쳐야 한다고 본다. 필자는 이것을 3차원 공동선의 정치three-dimensional politics of common good라고 하겠다. 21세기 오늘날 우리 시대가 요구하는 것은 바로 인애의 정신으로 자유와 평등의 가치를 조화로 이끄는 3차원의 제3범주 정치, 3차원의 공동선의 정치 지평이라고 여긴다.

제3범주 정치와 진보정당의 정책 평가

3차원 공동선의 정치는 자유와 평등의 가치 이외에도 인애의 가치라는 한 가지 요소를 핵심으로 더 상정하고 있기 때문에 2차원 중도정치와 다르다. 그것은 평등주의가 제도적으로 고려하고 있지 못한 사회 구성원 사이의 관계적 덕목, 특히 사랑과 같은 미덕의 구현에 직접적 주안점을 둔다는 점에서 확연히 차이를 나타낸다. 이제 3차원 제3범주 정치의 시각으로 평등주의를 중시하는 한국의 정당에 대해 간략히 평가를 해보자.

현재의 민주당 인사들이 주축을 이룬 지난 노무현 정부는 출범 초부터 4대개혁 입법에 주안점을 두었었다. 국가보안법과 언론관계법신문법, 과거사법, 사립학교법의 폐기와 개정, 제정 등이 초점이었고, 여기에 민주노동당 등 좌파 진영이 한술 더 떠서 보다 강력한 주문을 내세웠다. 그런데 과거사법만이 다소 의미 있는 결과를 냈을 뿐 대부분은 용두사미로 귀결되었다. 왜 이런 결과로 나타났을까?

4대개혁 입법의 용두사미화는 보수 성향의 정당과 언론계, 족벌 사학, 친일파 등의 완강한 저항 때문이라고 여겨지지만, 단순히 그렇게 볼 일만은 아니다. 4대개혁의 입법 취지는 대부분 옳은 것이지만, 옳은 것도 일이 성사되도록 할 때는 시기와 우선순위를 염두에 두어야 한다. 세종대왕이 백성을 사랑하고 배려하는 가운데 국사를 펼친 것처럼, 정부가 국민을 따뜻하게 녹이고 배려하며 경제적 온기가 돌도록 함으로써 정부 칭송이 자자하게 퍼질 즈음에 4대개혁 입법을 다소 온건한 형태로 들고 나왔더라면 관철되었을 것이다. 먼저 자애로움을 정책에 반영하지 않은 상태에서 평등의 가치에 주목하여 개혁만을 외친 것이 잘못이었다.

정부가 4대개혁에 매달릴 즈음, 그 뒤편에서는 지역 및 집단 이기주의가 자라고 있었다. 소외되고 또 굶주림을 견뎌왔던 일부 개혁세력이 정치권과 공기업의 주요 보직과 임원(이사장과 감사 등)을 꿰차면서, 함께 민주화를 이루는 데 기여한 일부 노동조합의 세력과 결탁하여 자신들의 이권을 조용히 챙기고 있었던 것이다. 예컨대 공기업의 평균 임금이 올라갈 즈음 이에 편승하여 임원의 임금은 대폭으로 뛰었다. 김대중 정부 마지막 해인

2002년과 노무현 정부 중후반 무렵인 2005년 사이에 공기업 기관장들의 임금 상승 추이를 보면 기가 찰 일이 발생했음을 확인할 수 있다. 제주국제자유도시개발센터 이사장의 임금이 5,397만 원에서 1억8,196만 원으로 237% 상승했다. 한국토지공사 사장의 임금은 8,568만 원에서 2억77만 원으로 134%가 뛰었고, 한국조폐공사 사장의 임금은 6,700만 원에서 1억4,449만 원으로, 그리고 대한무역진흥공사 사장의 임금은 1억1,589만 원에서 2억4,795만 원으로 올랐다. 공기업의 경우 노조가 버티고 있어서 고용안정이 유지되고 있음에도 불구하고 임금까지 높으니 이곳이 오늘날 신의 직장으로 자리 매김을 받게 되었는데, 그 까닭은 노무현 정부로 거슬러 올라간다고 보아야 한다.

공기업 기관장들의 임금 상승 내역 (단위 : 만 원)

기관명	직위	2002년	2005년	3년간 임금상승률
제주국제자유도시개발센터	이사장	5,397	1억8,196	237%
대한석탄공사	사장	6,360	1억7,567	176%
한국공항공사	사장	7,900	1억7,650	167%
한국토지공사	사장	8,568	2억77	134%
농수산물유통공사	사장	7,477	1억6,744	124%
한국전기안전공사	사장	7,160	1억5,894	121%
한국조폐공사	사장	6,700	1억4,449	115%
코트라(대한무역진흥공사)	사장	1억1,589	2억4,795	113%
수출보험공사	사장	1억2,731	2억6,741	110%
한국전력	사장	1억2,642	2억5,333	100%

* 출처: 한국일보 (2006.09.28)

민주당의 노무현 정부는 평등적 개혁에 신경을 썼지 다른 사회적 가치에 대해서는 상대적으로 둔감했다. 환경 사안이 그런 것 가운데 하나인데, 장관 인선은 여성 배려 몫이거나 보수적 인사로 채워졌다. 바로 이 시기에 전국의 골프장은 급격히 불어나기 시작했다. 한국골프장경영협회의 '전국골프장 현황'을 살펴보면, 김대중 정부 이전에는 모두 207개의 골프장이 사업계획 승인을 받았고, 김대중 정부 때에는 불과 33개만이 인가되었는데, 노무현 정부 때는 무려 161개가 승인을 받았으며, 이런 추세는 비즈니스 프렌들리를 외친 이명박 정부에서 그대로 지속되었다.

집값 잡기 실패한 노무현 정부가 주는 교훈

노무현 정부의 최대 과오 가운데 하나는 부동산 정책의 실패를 들 수 있다. 물론 그 실패는 구조적으로 예고된 것이나 진배없다. 정권 출범 이후 수도권 비대화와 지방의 낙후 상태가 문제로 등장했고, 이를 평등주의 개혁의 시각으로 재단하기 시작했다. 평등의 가치 시각으로 국토균형발전의 청사진을 완성하였고, 개혁적 시각으로 곳곳에 기업도시와 혁신도시를 선정하여 발표하면서 그것을 시행하기에 이르렀다. 문제는 이로 인해 지방 곳곳서 부동산 투기 조짐이 일어났고, 땅으로 돈을 번 사람들은 최대 이익을 창출할 수 있는 서울로 시선을 돌리고 있었다. 너무 당연하게 서울과 수도권 아파트 값이 들썩일 수밖에 없다. 정부는 2003년 2월부터 2006년 2월까지 20여 차례 부동산 대책을 발표했지만, 대책이 나올 때마다 오히려 집값은 뛰는 기현상이 발생했다. 부동산 부자에게 종합부동산세로 문제를 해결하려고 했는데, 이로 인해 아파트 값과 전세금이 더 뛰는 현상으로 나타났다.

진보 성향의 정책 입안가들이 먼저 평등주의의 교정적 정의의 시각에서 문제 해결을 꾀하고자 한 것이 화근이었다. 이런 시각에서 부동산 가격상승 흐름을 바라보면, 큰 집을 가졌거나 투기로 돈을 번 부자들이 먼저 눈에 띄게 되고, 이에 대한 조치는 부동산 불로소득에 대해 세금폭탄 성격의 과징금을 물리는 것이다. 결국 이렇게 되면, 국토균형발전에 따른 부동산 투기가 조성되는 구조적 국면에서 과징금으로 물린 세금만큼의 비용이 다시 집값에 반영되는 악순환에 놓이게 된다. 정부가 어떤 정책을 내놓아도 아무 효력을 발휘할 수 없는 상황에서 고통 속에 젖어드는 것은 집 없는 서민이었을 것이다.

당시 386으로 대표되는 정치권 참여 운동권 정책집단과 진보적 정책학자 그룹은 우리 속담에 나와 있는 것처럼 "선무당이 사람 잡는다"에 해당하는 정책적 과오를 범한 격이다. 평등주의 개혁과 징벌적 정의관을 최우선으로 내세운 것이 문제였다. 그렇다면 어떻게 했어야 하는가? 가장 먼저 인애(이웃사랑과 자애)의 시각으로 문제를 바라보았어야 했다. 그러면 집이 없어서 쩔쩔매는 서민이 먼저 눈에 띄었을 것이다. 결혼을 목전에 두고 있지만 전세금을 마련하지 못해 애를 태우는 청춘남녀가 시야에 들어왔을 것이다. 이에 따라 선행하는 조치를 취하되, 독일어권의 서유럽이 그렇게 하고 있는 것처럼, 정부가 저렴한 비용으로 이용할 수 있는 양질의 공공 임대주택을 다량으로 지어서 공급했어야 했다. 이렇게 해서 집값을 안정시킨 다음, 추후에 또 다시 부동산 불로소득으로 인한 부동산 광풍이 조성되지 않도록 큰 집을 가진 자나 여러 주택을 소유한 사람들에게 세금을 적지 않게 물려서 그 재원으로 임대주택 건립 재원을 충당하는 방식을 채택했어야 했다.

공동선의 정책과 인애의 가치

부동산 정책의 사례는 정부가 어떤 정책철학의 가치를 구사하느냐에 따라 그 현실적 명암이 극명하게 갈리는 전형이라고 파악할 수 있다. 여기서 필자는 3차원 공동선의 정치가 갖는 특성을 살펴볼 수 있다고 본다. 삶의 근간이 되는 기초적 의식주는 누구에게나 충족되도록 하는 것이 최우선이다. 인간이면 누구나 너나 할 것 없이 최소한의 존엄한 존재로서 살아갈 수 있도록 알맞은 주거가 가능해야 한다. 이때 공동체 구성원을 대하는 우리의 마음가짐과 정책적 자세는 아름다운 덕목의 상징성을 띤 인애사랑과 자비의 가치여야 한다. 이에 따라서 사회적 약자라고 할지라도 집 없는 고통과 설움을 받지 않도록 주택공공 임대주택 등을 제공하는 데 정부가 적극적이어야 한다. 정책적으로 평등의 가치를 실현하는 것이다. 그러면서도 각 개인이 형편에 따라 큰 집이나 여러 주택을 소유할 수 있는 방안도 허용하지 못할 이유가 없다. 제도적으로 자유의 가치도 존중하는 것이다. 다만 큰 집이나 여러 주택을 소유한 사람들은 그것에 상응하는 정도로 커다란 사회적 부담세금 등을 감당할 수 있도록 해야 한다. 부동산 불로소득의 지속적 증대는 사회에 해악으로 작용하므로 이를 적절하게 제어할 수 있어야 하기 때문이다. 따라서 인간으로 하여금 자유를 구가하면서도 공동선을 준수토록 하려면, 인애의 미덕의 가치를 중심축으로 자유와 평등의 가치를 조율토록 하는 3차원 제3정치가 펼쳐져야 한다.

노무현 정부는 역대 정권과 비교할 때 상대적으로 도덕성을 갖추고 있다고 평가해도 큰 무리는 없을 것이다. 그 주된 이유는 아무래도 노무현 대통령이 가진 인격적 도덕성을 언급하지 않을 수 없다. 대표적으로 그가 대통령에게 관행처럼 주어진 형식적 권위를 일거에 차버렸을 뿐만 아니라, 국정원을 사악하게 이용하는 공작정치를 거부했고, 또 검찰 등의 권력기관 남용을 배제한 것 등에서 찾을 수 있을 것이다. 그러나 노무현 대통령과 정부의 도덕성을 같은 반열에서 논의할 수는 없다. 필자가 짚고자 하는 것은 노무현 정부가 개혁적 평등주의 마인드에 매몰된 나머지 국민의 마음을 얻을 정도로 정책을 바르게 구사하지 못하는 과오를 저질렀다는 점이다. 그리고 이런 평가는 넓은 의미의 진보 좌파 정치세력에게도 마찬가지로 통용된다고 할 것이다.

진보 좌파 진영의 한계와 극복 방안

좌파 정당이라 불러도 별 무리가 없다고 여겨지는 통합진보당의 전신 민주노동당은 그동안 서민을 위한 정책 개발에 많은 노력을 기울였고, 또 그런 정책은 비교적 좋은 평가를 받을 만하다고 여겨진다. 그러나 역시 평등적 가치에 우선해서 주목하는 까닭에, 적지 않은 문제를 노출하고 있다. 예컨대 평등의 허울만 남은 공산권 북한에 대해 매우 우호적이었던 구 민주노동당은 종북주의로부터 자유롭지 못했던 것으로 평가할 수 있다. 화석화된 이데올로기로부터 아직도 자유롭지 못할 만큼 경직되어 있다고 판단된다.

평등적 가치의 목표를 경직되게 추구할 때 사회적 폐해를 낳기 마련이다. 이런 경향은 최근 통합진보당의 행태에서도 그대로 드러났다. 통합진보당은 2012년 4.11총선에서 민주당과의 야권후보 단일화를 통해 지역서 7석을 차지하는 개가를 이루었고, 비례대표에서도 6석을 얻어 총 13석의 의원을 확보함으로써 처음으로 제3당의 지위에 올라섰다. 그런데 당 안의 주축인 민족해방NL의 최대 계파가 비례대표 경선에서 자기 정파에게 유리하도록 조직적으로 부정선거를 자행함으로써 큰 사회적 파장을 일으켰다. 비례대표의 당선권의 우선순위를 결정하는 온라인 투표는 물론 현장투표에서도 부정을 저질렀다.

진보 세력이 가장 범하기 쉽고 또 역사적으로 자주 저질렀던 오류가 있다. 가장 먼저 평등의 가치를 구현한다는 도덕적 명분에 따라 최대의 목적과 구체적 목표를 제시하고, 그리고 다음으로 목표를 달성하기 위해 적절한 수단을 강구한다. 이때 평등적 가치의 목표 달성이 우선하기 때문에 상대적으로 그 수단이 갖는 폐해에 대해 둔감하거나 무시하는 경향이 있다. 즉 결과적 선이 수단을 정당화한다는 치명적 오류에 빠지게 된다.

유럽에서 1864년에 제1인터내셔널로 불리게 되는 국제노동자협회가 최초로 창립되었다. 이곳의 주축은 공산당 조직을 내세워 혁명을 꾀하는 마르크스주의자 계열이었고, 또 다른 부류로서 공산당 자체가 인민에 군림할 권위체가 될 것이기 때문에 이런 수단을 채택해서는 안 된다고 주장하는 아나키즘* 계열도 있었다. 당시 얼마 후에 바쿠닌을 필두로 하는 아나키즘 계열은 혁명적 결과를 얻는 데 방해가 될 뿐이라는 이유로 축출되었다. 1917년에 러시아에서 혁명을 일으켜 집권한 레닌이 아나키스트 크로포트킨에게 각료 제의를 하였지만, 크로포트킨은 이를 사양하였다. 이유는 구악舊惡이 물러났지만, 공산당이라는 강압적 권위체로 인해 신악新惡이 등장할 수밖에 없음을 자각하고 있었기 때문이었다. 실제 역사에서는 아나키스트*들이 예측한 그대로 공산당의 권위주의적 폐해가 극명하게 드러났다.

민주화 과정에서 등장한 한국의 좌파가 소비에트 공산당 조

● **아나키즘 (anarchism)**

일체의 강제적 권력이 사라지는 사회를 도모하는 사조로서 무정부주의로 불리기도 한다. 인간이 합리적이라는 신념을 갖고 있기 때문에 서로 머리를 맞대고 의논하면서 합의를 도출하여 시행하는 직접 민주주의를 선호한다. 소규모 공동체를 기본으로 하고, 그 상위의 일은 소공동체의 연대에 따른 연맹체를 결성하여 해결할 수 있다고 여겨서, 구태여 강제적 권위체인 정부를 필요로 하지 않는다고 주장한다.

● **아나키스트 (anarchist)**

아나키즘을 주장하거나 따르는 사람들을 뜻한다. 대표적 사상가인 프랑스의 프루동(P. J. Proudhon, 1809~1865)은 인간 서로 간의 존중에 의해 상호부조를 실현하는 연맹체를 구성할 수 있다고 보았고, 러시아의 바쿠닌(M. A. Bakunin, 1814~1876)은 혁명을 통해 사회를 개조하는 일에 앞장을 섰으며, 러시아의 크로포트킨(P. A. Kropotkin, 1842~1921)은 반권위주의 노선을 견지하는 선에서 필요의 분배원리가 작동되는 아나키즘적 공산주의 사회를 희구하였다.

직과 유사하다고 보는 것은 옳지도 않으며 또 실제로 그렇지도 않다. 다만 여기서 지적하고자 하는 바는 한국의 좌파 집단 역시 마르크스주의자 일반이 쉽게 오류에 빠지는 것처럼 목표를 성취하기 위해 구사하는 수단의 정당성에 대해 몹시 둔감하다는 점이다. 보수 우파가 부정선거를 저질렀을 때 그들은 절차를 중시하는 자유주의의 가치를 수용하기보다 권력 획득에 눈이 먼 탐욕을 갖고 있었기 때문이라고 보는 것이 온당하다. 그렇다면 좌파가 저지른 선거부정에 대해서는 어떻게 볼 것인가? 집단의 무리한 욕심 때문인 짐도 있겠지만, 그보다는 자신들이 설정한 결과의 선이 다소 무리한 수단도 정당화해 줄 것이라는 잘못된 신념에서 나온 것이라고 보는 것이 보다 적절하다. 결국 평등의 가치를 최우선의 목표로 추구할 때 초래될 수 있는 과오의 전형을 통합진보당도 저지른 것이다.

노동조합과 진보 운동, 좌파 정당은 평등의 원칙이 작동될 수 있도록 하는 근원적 가치에 주목해야 한다. 이것을 자각하지 못한다면, 스탈린 체제의 과오나 통합진보당의 선거부정에서 보듯이 유형을 달리하면서 재현될 수 있다. 따라서 인간은 어떤 국가나 집단에 속해 있든 약자를 필두로 한 타인과 이웃을 향해 인애와 정직, 존중의 덕목을 발현하도록 다가가야 한다.

자유의 가치를 바르게 구현하려는 노력은 바람직한 것인데, 평등의 가치에 대해서도 마찬가지로 평가할 수 있다. 이렇게 보면 어두웠던 권위주의 독재정권의 시절에 민주화와 실질적 평등을 위해 노력한 민주화 진보 진영에 대해 아낌없는 찬사를 보내도 무방하리라고 여겨진다. 그러나 평등의 가치는 소중한 것일 수는 있어도, 그것으로는 불충분하다는 점이다. 오히려 평등을 가능하게 하는 근원적 가치에도 지대한 관심을 가질 필요가 있다. 그렇지 않으면 진보 좌파 진영은 절름발이 개혁에 매몰되어 일을 그르칠 수 있기 때문이다. 실제로 보수 우파 정당이 늘 영남 지역성에 사로잡혀서 지역 이기주의와 부정부패의 덫에 빈번하게 빠지고 있는 것처럼, 진보정당 역시 호남 지역성에 발목 잡혀서 유사한 유형의 지역 이기주의와 부정의 굴레에서 벗어나지 못할 가능성이 크다. 마찬가지로 좌파 정당 역시 말로는 평등을 외치면서도 안으로 권위주의와 집단 이기주의에 매몰될 수 있다.

향후 우리 사회가 건강한 방향으로 나아가려면, 정치는 사회제도를 통해 개인의 이기심을 축소하고 미덕을 증진토록 하는 적극적 역할을 해야 한다. 여기서 필자가 언급하는 사랑과 자비의 가치를 기치로 하는 공동선의 정치가 요구된다고 본다. 이제야말로 제3범주의 정치로서 인애의 가치를 필두로 자유와 평등을 조율하는 3차원 정치가 도래하도록 해야 한다.

제3정치
콘서트

화쟁과 인애仁愛, 덕의 정치

4

he Third Politics Concert

제3범주 정치의 추구

　프랑스대혁명 이후 근 200년을 거치면서 세계사적으로 두 범
주의 정치철학이 탄생해서 피어났다. 제1범주의 정치는 자유주의
를 중시하게 되었고, 제2범주의 정치는 사회적 평등주의를 추구
했다. 두 정치적 사조의 실현과 경합으로 인해 인간의 권리가 신
장되고 정의가 제도적으로 구현될 수 있는 여건이 조성됨으로써
이 둘은 사회가 발전하는 데 적지 않은 기여를 했다. 그러나 두
정치사상은 21세기에 들어선 오늘날 일정한 한계를 드러내고 있
다. 평등주의의 가치를 실현하고자 등장한 현존 사회주의는 자
본주의와의 경합 과정에서 20세기 말에 실질적 몰락을 고함으
로써 제2정치의 좌표 설정에 애로를 끼치고 있다. 자유주의는 자
율적 개인의 고립화를 촉진하여 공동체의 건강성을 파괴하는
데 일조할 뿐만 아니라 또한 자본주의 체제에 의해 인간의 이기

심이 끊임없이 증폭되는 냉혹한 여건에 동조자가 됨으로써 적지 않은 사회문제를 초래하고 있다. 바야흐로 새로운 정치철학적 가치의 출현을 통해 제3범주의 정치Third Category Politics가 펼쳐지는 새 지평이 열려야 할 때이다.

물론 제3범주의 정치를 추구한다고 해서, 이것이 완전히 새롭다는 것은 아니다. 근대 이후의 정치에서는 새로운 것일 수 있지만, 보기에 따라서는 '하늘 아래 새로운 것이 없다'는 옛말에 오히려 부합될 수 있다. 한편으로 옛 전통에서 중요한 것을 되살리고, 또 다른 한편으로 오늘의 시대에 맞도록 새로운 창달이 이루어져야 한다. 여기서 제3범주 정치의 핵심 모형으로 제시하고자 하는 공동체주의communitarianism는 공동체 사회에 좋은 것을 목표로서 추구하고, 그 방도로써 사회 구성원의 덕virtues을 기르는 데 주안점을 둔다. 이것은 서양에서 멀리 그리스의 아리스토텔레스* 철학으로까지 거슬러 올라간다. 우리의 경우에는 동

● **아리스토텔레스 (Aristoteles, 384~322 B.C.)**

고대 그리스의 철학자이다. 플라톤(Platon)이 초경험적 이데아와 경험적 질료의 이원론적 세계관을 제시한 것과 비교할 때, 그의 후예인 아리스토텔레스는 양자가 한 실체 속에 구현된다는 일원론적 형이상학을 제시하였고 또한 목적론적 세계관을 피력하였다. 그는 인간이 필연적으로 정치적 동물이라고 보았으며, 정치 공동체 안에서 다른 사회 구성원과의 유기적 관계를 통해 자신들에게 고유한 특성을 잘 발현할 때 덕을 실현할 수 있다고 생각했다. 그는 현대 공동체주의의 원형을 제시한 대표자의 하나로 간주되고 있다.

아시아의 옛 사상, 즉 공자孔子*에서 유래하는 유학사상과 홍익인간*의 이념에서 찾을 수 있다. 현대 공동체주의는 옛 사상에서 그 기원을 찾는다는 점에서 전통을 계승하는 것이지만, 근간의 원리를 새로운 시대적 상황에 맞춰 사회제도의 정치적 대안으로 모색하여 구축하고자 한다는 점에서 창조적이다. 그야말로 온고지신의 정신에 상응하는 형세로 제3정치 철학의 지평이 펼쳐질 수 있다. 특히 필자는 개인주의와 대조적인 공동체주의 선상

● **공자 (孔子, 551~479 B.C.)**

중국 춘추시대의 사상가로서 유학사상의 선조로 추앙을 받고 있다. 공자는 고대의 전통인 천인합일의 세계관을 받아들이면서도 인간이 도(道)를 완성하는 데 능동적 역할을 행해야 한다고 보았다. 그는 『논어(論語)』에서 "정치를 덕으로 하면, 마치 북극성이 제자리에 머물러 있어서 모든 별이 그곳으로 향함과 같다"고 함으로써 덕의 정치를 전면적으로 펼쳐야 한다고 여겼다. 덕의 으뜸으로 인(仁)을 내세웠고, 의(義)도 중시하였다. 의는 마땅히 해야 할 바의 형식인 데 반해, 인은 가장 완전한 덕으로서 애인(愛人), 즉 '남을 사랑하는 것'이라고 설파하였다.

● **홍익인간 (弘益人間)**

단군신화에 나오는 우리 민족 고유의 전통사상이다. 신화에 따르면, 부신(父神) 환인은 아들신 환웅이 인간 세상에 대해 갖는 관심을 먼저 헤아려서 천부인을 주어 내려가도록 허락하였으니 이로써 자애(慈愛)의 덕을 확인할 수 있다. 또한 환웅이 조건을 충족시킨 웅녀의 소망을 받아들이고 결혼해서 아들 단군왕검을 낳았으니 여기서 지극한 부부애를 찾을 수 있으며, 그리고 환웅과 단군 모두 바람과 비, 구름을 다스리는 풍백과 우사, 운사 등과 협력해서 인간의 일을 주관하면서 세상을 바르게 교화하였다는 데서 천지인 합일의 유기적 연계성을 찾을 수 있다. 홍익인간의 사상은 사랑과 배려, 지혜의 덕에 의해 민족 공동체가 건강하게 출현하여 인간과 인간, 사회와 자연이 상생토록 하는 아름다운 관계적 모습을 잘 그려내고 있다.

에 그저 머무르고자 하는 것이 아니라, 인애와 같은 보편적인 윤리적, 종교철학적 가치를 우선하여 설정하고, 이로써 자유와 평등의 두 가치를 조율하는 새 정치의 지평을 열고자 한다. 그리고 이 과정에서 신라의 고승 원효대사가 창안한 화쟁和諍이란 방법을 유용하게 사용할 것이다.

원효의 화쟁

먼저 화쟁이란 방법론에 대한 이해가 필요하다고 여겨진다. 이에 원효대사의 이야기에서부터 풀어나가 보자. 인도에서 들어온 불교가 중국에서 발전하고 있었고, 이를 배우기 위해 신라 말의 고승 원효*는 당나라 유학을 결심했다. 그는 거처하던 곳에서 길을 떠난 지 오래 되어서야 마침내 배를 탈 수 있는 서해 어느 포구에 도착했다. 어둠은 깊었고 몸이 피곤했던 터라 허름한 동굴을 찾아가 쓰러져 잠들었다. 얼마나 시간이 지났을까. 한밤중에 갈증을 느껴 깨어났고, 두리번거리다가 바가지에 담긴 물을 보고, 단숨에 들이마신 뒤에 다시 곤한 잠에 빠져들었다. 새벽이 밝아오자 일어난 원효는 포구 선착장으로 가기 위해 행장을 추스르고 있었다. 그러다가 우연히 한밤중에 깨어 마신 물이 해골에 고인 것이었음을 알고 소스라치게 놀랐다. "아니, 내가 마신

물이 저 해골바가지에 담긴 물이었단 말인가!" 잠시 묵상에 잠긴 원효는 일상적으로 반응하던 자신의 행태를 성찰하다가 대오각성大悟覺醒을 할 수 있었다. 일순간에 큰 깨달음을 얻는 순간이었다. 정신세계의 지혜를 얻는 데는 세상의 중심인 당나라든 그 변방의 신라든 장소가 문제될 것이 없다고 여기자, 다시 봇짐을 챙겨서 발걸음을 되돌렸다. 그는 자신이 서 있는 이 나라 땅에서 수행에 정진했다. 그리고 마침내 우리 민족 고유의 방법론인 화쟁을 탄생시키기에 이르렀다.

화쟁과 이문일심

당시 불교계에서는 석가모니의 해탈과 가르침 이후 이를 해석하거나 완성하는 과정에서 쟁점 사안에 대해 첨예하게 견해가

● 원효 (元曉, 617~686)

신라의 대표적 승려로서 불교의 발전과 대중화에 큰 기여를 하였다. 당시 화엄사상 등 교학 불교의 여러 종파가 당나라에서 들어와 유행하고 있을 때 이를 통폐합하는 해동종(海東宗)을 세워 우리 고유의 불교 교리를 체계화하였다. 모든 존재가 순수 상태에서 현상세계로 나아갔다가 본래적 근원으로 되돌아온다는 일심(一心) 사상을 열었는데, 중생이 집착을 버리게 되면 일체의 괴로움(苦)에서 벗어나 무엇을 하더라도 아무런 장애도 받지 않는 무애(無碍)의 경지, 즉 일심에 도달할 수 있다고 여겼다. 일심에 도달하는 과정에서 버리거나 수용하거나 새로 세우는 화쟁이란 방법론을 개척하였다.

갈리는 대립적 학설이 난무하곤 했다. 한 부류의 학파는 기존의 이론에 대해 조목조목 비판을 잘해내고 있었는데, 그 사안에 대해 해법으로써 대안을 제시하지 못하는 한계를 보이고 있었다. 다른 부류의 학파는 기존의 이론이 갖는 장점을 통으로 드러내어 장황하게 설명하고 있었는데, 그 안에서 세부적으로 옳고 그름의 분별력을 갖고 있지 못했다. 이에 원효는 화쟁의 방법을 터득했다. 그것은 한편으로 깨뜨리면서 세우지 않는 바가 없고, 또 수용하면서 분별하지 않는 바가 없는 그런 것이었다. 즉 면밀히 비판하면서 창조하지 않는 바가 없고, 또 수용하면서 세부적 분별을 통해 계승할 것과 버릴 것을 가려내는 것이었다. 원효는 한 쟁점 사안에 대해 서로 엇갈리게 된 두 부류의 견해를 하나의 지혜로 귀결시키는 방도를 터득한 것이다. 그는 화쟁이란 방법을 통해 이문일심二門一心, 즉 두 문으로 들어왔지만 하나의 통찰적 지혜로 귀결시키는 지평에 이른 것이다.

화쟁과 서양 방법론의 차이

필자는 화쟁이란 방법론이 서양서 발전된 방법론과 유사한 특성도 갖고 있지만 본질적으로 다르다고 본다. 멀리 아리스토텔레스에게서 연유하는 오늘날의 형식논리는 구조에 기인하는 형식적 관계에 의해 주장의 타당성과 진술의 의미를 가려내는 방법인데, 핵심적으로 경험에 의해 가려진 참과 거짓에 의해 복합 진술의 진위를 가려내는 것으로 귀결된다. 형식논리*는 경험에 의해 드러나는 세계에만 적용되는 반면, 화쟁은 경험적 세계만이 아니라 심오한 정신세계에서도 활용된다는 점에서 다르다.

서양의 변증법*은 정과 반의 두 대립 항이 서로 모순과 갈등을 빚다가 필연적으로 종합의 단계로 귀결됨을 상정하고 있다. 이때 변증법은 인간의 지혜로운 결단과 무관하게 세계가 필연적으로 더 나은 단계로 발전하게 됨을 선제하고 있는 반면, 화쟁

● **형식논리 (formal logic)**

"사람은 누구나 죽는데, 진시황이 사람이기 때문에, 그도 죽는다"는 논증은 그 형식적 구조에 비추어 진시황이든 소크라테스든 사람인 누구에게나 적용된다는 점에서 타당한 성격을 지닌다. 마찬가지로 "비가 내리면, 땅이 젖는다"는 복합 진술은 비가 내리고 땅이 젖는 것을 경험한 바와 그 형식적 요건에 비추어 참인 의미를 갖는 것으로 판별한다. 형식논리는 주장과 진술의 형식적 구조나 경험적 진위에 의해 그 의미를 부여하는 논리체계이다. 이런 형식논리에서는 깨달음을 얻은 성철 스님이 "산은 산이고, 물은 물이다"라고 한 법어가 형식적 동어반복으로 처리될 뿐 내용상으로는 말할 필요도 없는 무의미한 문장으로 폄하된다.

● **변증법 (dialectic)**

자연과 사회, 사유의 지평에서 일어나는 모든 사태와 현상이 상호관계 속에서 생성과 소멸, 유지와 발전의 경로를 거친다고 파악하는 방법이다. 단순화하자면, 역사 속의 어떤 사태(正)도 그 불완전성으로 인해 대립된 사태(反)의 등장을 초래하게 되고, 양자 사이에 모순과 갈등이 첨예하게 전개되다가 그보다 더 나은 발전적 사태(合)를 맞게 되는 것이 필연적이라고 본다. 예컨대 이윤만 추구하는 자본주의 사태가 이로 인해 소외된 노동자 집단의 반발 사태를 일으켜 서로 간에 대립적 갈등이 지속되다가, 마침내 경제 계급이 사라진 공산주의 사태를 맞이하게 된다는 것은 변증법이 예측한 현실화될 시나리오 가운데 하나이다.

은 인간의 지혜와 심오한 사유로 인해 더 나은 지평으로 나아갈 수 있음을 밝히고 있다는 점에서 서로 다르다.

　서양의 경험과학에서 사용되는 시행착오법*은 일단 가설을 세워 그것을 시행하고, 그로 인해 빚어지는 경험상의 오류가 나타나면 이를 제거하며, 또 다시 보완된 가설을 내세우는 방식을 통해 점진적으로 더 나은 진리의 지평으로 진행하는 방법이다. 시행착오법은 변증법과 달리 인간의 지식이 진리로 나아가는 진전 여부를 가리는 기준이라고 보는 점에서 화쟁과 유사하지만, 역시 시행착오법은 경험적 지평에만 매몰되어 있는 반면 화쟁은 경험을 넘어선 정신적 및 영성적 영역에도 적용될 수 있다는 점에서 상이하다고 할 수 있다. 이렇게 화쟁은 서양의 방법론과 분명히 다른 고유한 특성을 띠고 있다. 화쟁은 다른 일반적 방법론과 달리 경험적으로 열려 있으면서 영혼의 식견을 갖춘 지혜의 단계에 이르렀을 때 구사할 수 있다는 점에서 보다 특징적이다.

● **시행착오법 (method of try and error-elimination)**

주로 경험과학에서 채택하는 방법인데, 자유주의 사상가이자 과학철학자인 칼 포퍼(Karl Popper)에 의해 정식화가 되었다. 문제 상황에 직면하여 이를 해결할 수 있는 가설을 제안하여 시행하고, 경험적 적용을 통해 그 오류가 드러나게 되면, 다시 오류를 제거할 수 있는 더 나은 가설을 제안한다. 이런 일련의 방식에 의해 인간의 지식은 점진적으로 개선되어 진리에 더욱 다가가게 된다고 본다. 그런데 과학사가 토마스 쿤(Thomas S. Kuhn)은 과학의 실제 역사를 탐구한 결과 점진적 개선이 이루어진 것이 아니라 혁명적인 패러다임 전환이 이루어졌다고 주장하였고, 이로써 양자 간에 논쟁이 벌어진 바 있다.

화쟁으로 보는 현실 정치의 평가

　화쟁이란 방법으로 현실 정치의 혼돈을 분별하여 수습해보자. 세계는 계몽주의의 시기를 거쳐 산업문명의 자본주의 체제와 현실 사회주의 체제의 대립적 긴장을 겪었고, 그 유산에 따라 두 부류의 정치이념으로 확연히 분화된 상태에 놓여 있다. 특히, 제2차 세계대전을 치른 이후에 보수 우파는 자유의 가치를 핵심으로 내세우면서 자유주의와 시장주의를 금과옥조로 천명하기에 이르렀다. 반면 진보 좌파는 평등의 가치를 가장 중시하면서 사회(민주)주의와 집단의 계획경제를 선호하기에 이르렀다. 한국은 일제 강점기로부터 해방을 맞이했지만 구미 열강에 의해 민족 분단의 비극을 겪으면서, 우리 현실에 맞는 근현대적 정치이념과 사회제도를 마련하지 못한 채 곧바로 세계사적 흐름 속에 놓이게 되었다. 구체적으로 해방 이후의 첨예한 이데올로기적 대립과

1950년의 한국전쟁, 그리고 군사정권의 독재와 민주화를 거치는 과정에서 서구의 정치적 이념이 극단적 대결구도 속에서 도입되었다. 이것은 특이한 변화와 변질을 거치면서 오늘에 이르게 되었다. 간단하게나마 화쟁의 방법으로 우리나라의 보수와 진보 진영의 정치 행태에 대해 평가를 하고, 이를 토대로 새로운 대안을 찾아가 보자.

파시즘적 자유주의, 보수 우파

한국의 보수 우파는 파시즘적 자유주의를 특징으로 하고 있다. 한국의 우파가 제1범주의 정치사상에 해당하는 자유주의 liberalism의 가치를 수용하겠다는 것은 일단 바람직한 것으로 볼 수 있다. 자유주의는 인간 개인의 자유와 생명, 사유재산의 권리를 중시한다. 특히 사상과 양심, 집회와 표현의 자유를 소중하게 여긴다는 점에서 열린사회*로 가는 강점을 구비한다. 그런데 한국의 보수 우파는 대체로 자유주의의 본령을 수용하지 못하고 있다는 데서 치명적 한계를 드러내고 있다. 그 연유로는 그들이 자유주의의 가치를 걸치장으로 두를 뿐 실제로는 돈과 권력에 대한 맹목적 추구를 가장 우선시하는 탐욕의 동기를 갖고 있다는 것을 꼽을 수 있다.

보수 우파가 자유주의를 명분으로 내세우는 까닭은 그것이 경제성장을 추구하는 데, 즉 파이를 키우는 데 가장 효과적이라고 생각하기 때문이다. 문제는 성장을 도모하여 국민에게 혜택이 돌아가도록 하는 데 있다기보다 늘어난 파이를 독차지하려는 동기를 독수리의 발톱처럼 감추고 있다가 기회가 오면 그 마각을 여지없이 드러낸다는 데 있다. 그 집단 대다수는 때가 오면 불합리한 연고(지역주의와 학연 등)를 매개로 이권에 개입하고, 권력적 지위의 상승을 도모한다. 그리고 자신들의 치부가 드러날 것을 우려하여 권력을 통해 건전한 비판에 재갈을 물리는 일을 서슴지 않고 저지른다. 친일파와 박정희 독재의 유산이 숨 쉬는 탓에 파시즘의 요소가 내재되어 기회가 주어지면 고개를 치켜들게 된다. "사업은 어디까지나 사업이다"라는 말을 내세울 수 있는 시장은 좋은 먹잇감의 무대가 된다. 겉으로는 자유 시장을 내세우지만, 그 뒤편에서 반칙을 일삼아 온갖 이권 사업에 관여하고,

● **열린사회 (open society)**

자유주의 사상가 칼 포퍼는 사회가 발전하려면 문제 상황에 대해 자유로운 비판을 얼마든지 허용할 수 있어야 한다고 주장하였다. 왜냐하면 비판에 의해 사회의 각종 문제가 드러나게 되고, 그로 인해 문제를 고칠 수 있는 해법이 모색되면서 사회가 더욱 나은 방향으로 갈 수 있다고 보았기 때문이다. 따라서 열린사회가 가장 바람직하다고 여겼다. 반면 개인의 자유로운 비판적 행위를 규제하는 사회(공산주의나 파시즘의 전체주의 사회)는 닫힌 사회로서 바람직하지 않다고 보았다.

부동산 투기와 담합으로 떼돈을 챙긴다. 이때 정치권의 일부는 그 뒤를 돌봐주는 대가로 역시 돈을 챙긴다.

한국 사회의 부패와 반칙의 대부분은 영악진 보수 우파 정당에 의해 자행되는 권력의 사유화, 재벌에 의해 진행되는 시장만능주의, 기회를 엿보아 작동되는 관료주의, 그리고 여기에 편승하는 지역 이기주의를 통해 나타난다. 이명박 정부의 촛불시위 탄압과 미네르바 구속, 형님 이상득 의원의 득세와 그 가신들의 정치적 전횡, 화려하게 시장실을 꾸며 놓았던 성남시의 호화청사, 용인시의 세금 먹는 하마인 경전철 사업, 출자총액제한제 폐지에 따른 재벌의 문어발식 확장, 공무원들의 각종 이권 개입에 따른 부정부패 등 총체적 난맥상이 이런 배경에서 나타났다.

한국 사회가 처한 가장 근원적인 문제는, 미국의 개인주의적 자유주의가 우리의 사회제도에 대거 이식되고 또 의식구조에까지 영향을 미치게 되면서, 사회 구성원(집단과 가족) 사이에 분열이 조장되고 이기심이 증폭되면서 사회가 갈수록 야수적으로 변모되고 있다는 점이다. 고립적 자아isolated ego의 경쟁이 무한정 요구되는 승자독식의 사회에서, 이에 탈락하거나 사회적 존재감을 느낄 수 없게 된 사람들이 많아지고 있고, 이 과정에서 승패와 관계없이 스스로를 불행하다고 여기는 사람들이 늘어나고 있다. 한국의 자살률이 2010년 기준으로 OECD 평균치의 4배에 근접하는 1일 43명으로 세계 최고임을 나타내고 있는데, 이 수치는 우리가 비극적 현실에 놓여 있음을 가장 잘 말해주고 있다. 학교 폭력의 증대와 심각성도 동일한 비극적 토양에서 나오는 구조적 양상임을 보여주고 있다.

정책적 무능과 실패, 한국의 진보 좌파

한국의 진보 좌파는 제2범주의 정치사상인 평등주의egalitarianism의 가치를 중시히여 사회개혁에 지승한다. 보수 우파가 성장 일변도의 경제정책을 펼치면서 독재를 획책하고 또 평등을 형식적인 것으로 치장하고 있을 때, 진보 좌파는 민주화를 추진하고 평등을 일부나마 실질적 생활현장으로 내려오도록 추구하면서 분배적 정의 달성에 노력했다. 한국의 진보 좌파가 실현하고자 한 민주주의와 평등의 가치는 소중한 것이다. 국민이 헌법상의 주권자임을 끊임없이 외침으로써 독재를 종식시킬 수 있었고, 또 노동자를 비롯한 사회적 약자의 삶의 질을 개선하는 평등적 가치를 구현하고자 했는데, 이것은 마땅한 것이자 옳은 조치임이 분명하다.

그러나 진보 좌파 진영 역시 정권과 정책을 통해 국민의 마음을 사로잡는 데는 실패했다. 2011년 하반기 이후부터 정치권 바깥 인사인 서울대 안철수 교수에 대해 국민의 지지도가 고공비

행을 하게 되었는데, 직접적으로는 안교수의 정치적 잠재력을 높이 평가한 데서 나온 것이라고 볼 수 있다. 그런데 이런 현상이 조성된 보다 근원적인 이유가 있을 터이다. 그것은, 안교수 자신의 정치적 성공 여부를 떠나서, 제1정치 진영인 보수정당과 제2정치 진영인 진보정당에 대한 국민적 상실감과 신뢰부족에서 나온 것이다. 이명박 정부의 탄생 배경에는 노무현 정부가 있었다는 지적이 제기된 바 있다. 이 역설적 이야기는 무엇을 뜻하는가? 노무현 정부 역시 국민의 마음을 반대로 돌아서게 만들 정도로 정책적 실패를 크게 범했다는 점이다.

　통상 진보 좌파 진영이 정책적으로 무능하다고 평가되곤 한다. 물론 개혁 세력이 관료 사회의 관성적 정책 집행을 제어하지 못하고 이끌린 측면에서는 무능했음도 사실이다. 그러나 실제로 무식하다고 보아야 하는가? 결코 그렇지 않다. 전문성과 유명세를 지닌 진보적 학자들과 실천가들이 참여하여 정책을 기획하고 집행했다. 문제는 그 정책이 의도한 성과를 내지 못하고 빗나가거나 역효과를 낸 데 있다. 어찌 되었든 정책적 무능에도 나름대로의 이유가 있었으니, 이것에 주목할 필요가 있다고 판단된다. 필자는 이런 성찰을 통해 향후 제2범주의 정치철학이 제3범주의 정치철학으로 흡수 통합되는 진전 과정을 거쳐야 한다고 본다. 비로소 이렇게 되는 시기에 도달할 때 우리나라는 진정한 의미에서 성숙한 사회로 진입하게 될 것이라고 믿는다.

진보정당의 개혁적 평등주의 정책과 패착

진보 진영의 정책이 국민적 지탄을 받게 된 사례를 살펴보자. 2003년 초에 출범한 노무현 정부는 집권 초기에 동지인 진보 좌파 세력의 요구에 적극 부응하고자 사회의 4대개혁 입법안을 들고 나왔다. 그러나 개혁안은 용두사미로 끝나고 말았다. 또한 당시에 환경에 대한 정책적 문제의식은 찾을 수 없었고, 오히려 전국의 골프장 수(사업계획 승인 기준으로 김대중 정부 때 33개인 반면, 노무현 정부 때 161개)가 급격히 늘어나는 정책이 펼쳐졌다. 통상 그렇듯이 골프장 인허가는 각종 이권과 연루되었다. 대통령 임명의 공기업 임원(사장과 감사 등)의 임금이 불과 3년 사이에 두 배(예컨대, 한국토지공사 사장의 연봉이 2002년에 8천 568만 원에서 2005년에 2억77만 원으로 뛰는 등) 가까이 늘어났고, 이로써 전체 직원의 평균 임금이 상승되는 견인 효과가 나타남으로써 후일 공기업이 신의 직장으로 불리는 도덕적 해이 현상을 초래했다. 민주주의와 평등의 사회적 실현이라는 개혁적 조치를 가시화하고 있었지만, 그 이면에는 전리품을 조용히 챙기는 일부 동업자 집단도 있었던 것이다.

노무현 정부의 최대 화젯거리는 부동산 가격의 폭등으로 인한 국민의 절망과 분노였다. 국민은행 통계에 따르면, 집권 중반기에 해당하는 2005년에 전국 집값의 평균가격 상승률이 이미

4%로 뛰기 시작했고, 그 이듬해인 2006년에는 무려 11.60%를 보였다. 이 수치는 전국 평균을 나타내는 것인데, 실제로는 서울과 수도권의 집값 급등이라는 쏠림 현상으로 나타났다. 서울과 수도권 아파트의 가격이 거의 2배 가까이 뛴 것으로 보아도 무방할 정도였다. 이에 정부는 다급하게 3년 사이에 부동산 정책을 20여 차례 발표를 했지만, 고삐가 잡히기는커녕 오히려 폭등세를 보였다. 왜 이런 일이 발생했을까? 보기에 따라서는 관료의 제안에 휘둘리는 무능한 대처 능력에서 비롯된 것이기도 하겠지만, 다른 한편으로는 개혁과 평등의 가치에 가장 우선해서 집착하는 의식구조를 갖고 있었기 때문이었다고 진단할 수 있다.

노무현 정부 이후 연도별 주택평균가격 변동률 추이

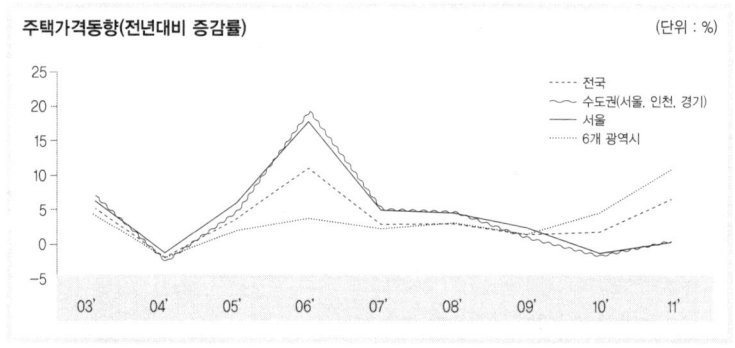

* 출처: 국민은행 주택평균가격 통계

노무현 정부는 평등적 개혁에 대한 조급증을 갖고 있었고, 이런 시각에서 국토를 조망했다. 당연히 수도권 비대 현상이 문제로 부각되었고 그리고 대안으로 국가균형발전론이 대두했다. 그래서 2003년 4월에 대통령 자문기관으로 국가균형발전위원회를 출범시켰다. 지방을 위해 기업도시개발특별법을 제정했고, 수도를 세종시로 옮기는 신행정수도 건설을 추진했으며, 공공기관의 이전을 계기로 지방의 거점 지역에 작고 강한 도시를 만들고자 했다. 이때 지방 곳곳에 토지수용이 이루어지면서 땅 팔아 부자가 된 지주들이 생겨났다. 그리고 이들은 그 보상금으로 역시 인근 지역이나 수도권의 부동산을 사고자 눈길을 돌렸다. 너무도 당연하게 서울과 수도권의 아파트와 땅값이 들썩일 수밖에 없었다. 그러자 대통령을 비롯한 정부의 개혁 세력들은 평등주의에 따른 교정적 정의의 잣대로 부동산 폭등 사태를 바로잡고자 했다. 이런 기준에서는 부동산 과다 소유 및 투기로 인해 불로소득을 챙기는 부자가 먼저 보일 수밖에 없다. 당연히 징벌적 정의관에 따라 부당 이익에 개혁의 칼날을 들이대는 세금폭탄의 조치가 취해졌다. 그래서 종합부동산세가 시행된 것이다.

하나의 단면으로만 보면, 불로소득은 도덕적으로 부당한 것이고, 이것을 바로잡는 평등주의 가치 기준에 따른 정의의 조치, 즉 세금을 통한 부당 이익의 환수 조치는 마땅한 것이다. 그리고 여기서 거둔 세금으로 무언가 좋은 일, 예컨대 사회복지 기금의 확충에 쓰면 역시 좋은 일이다. 그런데 이런 조치를 취한 이후에 어떤 일이 발생했는가? 집 가진 자의 세금 증대는 매매 가격에 반영되어 집값 폭등을 일으켰고, 후일 전세 가격의 앙등으로 이어졌다. 왜냐하면 평등주의 시각의 국가균형발전에 따른 정책이 부동산 가격 앙등으로 이어지는 구조적 여건에서 성급한 세금폭탄 정책의 구사는 부작용을 크게 낳는 방향으로 이행할 수밖에 없었기 때문이다.

화쟁의 시각으로 최근에 진행된 제1정치와 제2정치의 행보를 평가한 결과 각각 적지 않은 문제를 지닌 것으로 볼 수 있다. 보수와 진보 진영이 번갈아 집권하면서 자신들 방식의 정책을 구사했지만, 국민에게 적지 않은 실망을 안겨주었다. 그런데 문제는 어떤 진영이 집권하더라도 동일한 범주의 정치사상과 관습적 태도, 그에 따른 정책을 시행하게 되기 때문에 한국 사회가 봉착하고 있는 총체적 위기를 해소할 것이라고 기대하기 어렵다는 데 있다. 이제 우리 사회의 밝은 미래를 위해 낡은 해법을 넘어서서 새로운 지평으로 나아가야 한다. 당연히 발상의 전환도 과감하게 요구된다. 화쟁의 창조적 사고로 새 지평을 펼치는 것이 불가능하지 않다고 여겨진다.

인애와 덕의 정치

　보수정당의 제1범주 정치와 진보정당의 제2범주 정치가 한편
으로 국가 운영에 일정한 정도로 기여를 하고 있지만 또 다른 한
편으로 국민에게 적지 않은 좌절감을 안겨서 총체적 사회문제를
증폭시키고 있다면, 불가피하게 제3범주의 정치적 가능성에 관심
을 가질 수밖에 없다. 제3범주의 정치사상으로 공동체주의를 유
력하게 부각시킬 수 있다고 본다. 필자는 인애의 자유적 공동체
주의liberal communitarianism가 가장 알맞다고 판단한다. 그렇다면 그
것이 어떤 정책적 방안과 강점을 갖고 있는 지에 대해 이해를 할
필요가 있다. 여기서는 노무현 정부의 최대 패착을 초래한 부동
산 정책의 사례를 토대로 제3범주의 정치사상이 지닌 진면목의
일단을 살펴보자.

노무현 정부가 제3의 정치철학 가졌더라면?

가령 노무현 정부가 제3정치의 철학을 갖고 있었다고 가정한다면, 부동산 대책에 대해 어떤 해법을 제시했을 것인가? 노무현 정부가 가장 우선해서 평등주의 가치의 관점에 의거하여 교정적 정의의 시각으로 다가간 것이 정책적 패착의 근본 원인이었다. 그것보다는 서민의 주거 고충을 해결하는 '인애仁愛의 가치철학'의 시각으로 다가갔어야 했다. 또 달리 말하면 덕의 아이콘인 이웃 사랑의 정책철학적 관점에서 접근했어야 했다. 그랬다면 사태가 정반대로 뒤바뀌었을 것이다. 집 살 돈을 변변하게 마련할 수 없는 서민과 청년 부부들에게 우선하는 것은 쥐꼬리만한 사회복지비나 보육비 지원이 아니다. 오히려 정부나 지방자치단체가 적은 비용으로 장기간 사용할 수 있도록 제공하는 양질의 공공임대주택이었을 것이다.

공공임대주택의 시스템을 잘 갖추고 있는 나라로서 독일과 스웨덴 등 중북부 유럽을 들 수 있다. 이곳에서는 인간 생존의 필수적 여건으로서 삶의 질을 측정하는 척도인 주택으로 인한 사회문제는 거의 없거나 최소화되어 있다. 그런데 이런 정책이 무리 없이 추진되어 시행되고 있는 데는 그곳의 정신문화가 구현하고 있는 협동조합주의* 전통을 핵심으로 꼽을 수 있다. 이것은 더불어 살아가는 공동체 사회에서 공동의 이익을 도모하기 위해

서로 힘을 합세하는 중요한 제도적 풍토이다. 중북부 유럽에서 협동조합주의가 비교적 잘 가동되고 있는 연유는 전통적으로 자치적 코뮌*의 역사와 공동체적 공화주의를 잊지 않고 면면히 계승하고 있기 때문이다. 공동체적 문화의 토양에서 대기업은 중소기업과 상생하는 정책을 외면하지 않게 되고 또 정부가 나서서 사용자와 노동조합을 중재하여 화합으로 나아가는 노사정 연대도 가능하게 된다. 자신들의 생각과 이익에만 집착하기보다

● **협동조합주의 (corporatism)**

공동의 이익이나 선을 실현하기 위해서 농업이나 노동, 사업, 또는 친족과 같은 관심 사안에 따라 조합적 협동집단을 구성하는 방식으로 사회 구성원들이 연합하는 정치적, 경제적, 또는 사회적 시스템을 일컫는다. 협동조합주의는, 'corp'의 라틴어 어원이 'body'를 뜻하고 있는 데서 알 수 있듯이, 공동체를 하나의 유기체로 해석하는 것에서 연유하였다. 기독교의 사도 바울(Paul)은 고린도전서 12장서 초대교회 기독교인들을 예수라는 한 몸의 여러 지체(肢體)들로 비유하고 있다. 같은 맥락에서 중세의 협동적 길드 조직도 탄생했다. 넓게 보면 이것은 사회적 연대주의라고 할 수 있다. 유교 공동체 역시 동아시아 코포라티즘의 구현인 셈이다. 이것은 다양하게 분화될 수 있는데, 현대 들어서서 나치즘과 연루됨으로써 오명도 갖고 있다. 또한 1970년대에는 유럽의 경제위기 극복을 위해 정부의 적극적 중재 속에서 사용자와 노동자 집단이 함께 모이는 노사정 연대로 나타나기도 했다.

● **코뮌 (commune)**

유럽의 공동체적 전통 속에서 서로 연대하는 삶을 산 기초 단위의 마을 공동체를 일컫는다. 코뮌은 공동의 이해 속에서 목초지나 저수지와 같은 공유 자산을 합리적으로 관리할 뿐만 아니라 서로 협력하는 삶의 방식을 영위하고, 더 나아가 공동체를 규범적으로 건강하게 유지하려는 의도 속에서 출현했다. 경제적인 공동의 행위 이외에도, 머리를 맞대고 모여서 마을의 대소사를 의논하는데, 서열화로 고착화되는 관료체계를 거부한다. 최근에는 인간적인 정을 서로 나눌 수 있는 규모로 적정선을 유지할 뿐만 아니라 생태적인 삶을 사는 것으로까지 발전시키는 계획을 구체화하는 사례도 있다.

는 함께하는 상대방의 입장과 처지도 고려하여 존중하는 공동체의 연대성 정신이 있어서 이런 것이 성사될 수 있었을 것이다.

물론 우리 민족은, 비록 정치적 공화주의를 실현한 적이 없다고 하더라도, 역사적으로 유럽 이상으로 두레와 같은 공동체주의 전통을 갖고 있었다. 공동체적 유대에 관한 한 유럽보다 더 강고한 문화적 전통을 계승하고 있었고, 심지어 사회가 자연과 맺는 관계를 천지인합일의 세계관으로 형성하고 있었다. 다만 빠른 기간에 근대화를 이룩하는 과정에서 서구 산업사회의 제도와 문물, 자연 지배적 세계관까지 수용하게 되었다. 그 가운데서도 보다 특별하게 현대 미국의 제도를 받아들이는 데 너무 혈안이 된 나머지 그 토대가 되는 개인주의적 자유주의도 함께 떠안게 됨으로써 수많은 문제를 잉태하게 된 것이다.

이제 지나친 개인주의를 쇄신하면서 건강한 자유적 공동체주의 전통을 회복해야 한다. 한편으로 사회는 인간 각자가 자신의 고유한 자유를 향유할 수 있도록 적극 허용해야 한다. 또 다른 한편으로 인간은 연계적 자아의 존재로서 다른 사회 구성원과 유기적 관계를 맺고 있으므로 그 관계가 바람직하고 건강하도록 도모해야 하는데, 이를 위해서 사회는 공동선common good을 인식하고 이를 구현하는 데 적극적이어야 한다. 그러려면 사회 구성원들이 더불어 아름답게 살아가는 데 필수적으로 요청되는 덕을 함양토록 촉진하는 사회제도를 구축해야 하고 이를 뒷받침

할 수 있도록 정치를 쇄신해야 한다. 이른바 덕德의 정치가 탄생해야 한다.

미덕을 교과서에서 사회제도로 불러내야

덕은 도덕 교과서에서 배울 수 있는 것들로서 지혜와 용기, 절제, 정의, 정직, 진실, 선의, 존중, 배려, 소통 등등을 지칭하는 포괄적 표현이다. 덕은 곧 미덕美德이다. 필자는 미덕이 커가는 아름다운 사회를 구축하기 위해 그 상징성을 띤 것으로 인애를 상정하고자 한다. '인애'는 기독교의 사랑이나 유학의 인, 불교의 자비를 아우르면서 대변하는 개념이다. 이와 같은 보편종교의 핵심 가치는 또한 도덕의 정점을 이루는 근간의 정신이다. 개인주의와 시장 자본주의가 자유주의와 결부된 현실에서 인애는 도덕 교과서와 가정으로 유폐되는 신세를 면할 수 없었다. 그런데 시장에서 나타나는 영악진 이윤추구가 경제만능의 사회에서 마침내 학교와 가정으로도 침투되고 확산되어서 도덕과 종교마저 병들게 만들고 있다. 가정에서 패륜과 형제 간 분쟁이 빈번하게 횡행하고 학교에서 폭력이 난무하게 되는 까닭도 다 여기서 연유하기 때문이다.

개인주의적 자유주의 사회에서 돼지의 보석으로 처박힌 인애의 미덕을 다시 발굴하여 복권시킬 때, 그것은 보편종교가 일찍이 가르침으로 준 바와 같이 세상의 정신적 보화로 거듭나게 될 것이다. 부모가 자녀를 대하는 자애로움과 자녀가 부모를 모시는 효성, 부부 간의 애정, 형제 사이의 우애, 친구들 간의 우정도 아름답고 건강하게 회복되며, 이웃 간에도 소통과 연대, 존중의 문화가 조성될 것이다.

이제 인애와 미덕이 갖는 가치를 본격적으로 사회제도에 적용할 때가 되었다고 본다. 이렇게 되면 정책의 양상도 사뭇 달라질 것이다. 정책철학, 즉 정책의 최우선 가치가 어떤 것이냐에 따라 결과적 양상은 천양지차로 벌어질 수 있다. 다시 부동산 정책의 사례로 되돌아가보자. 자유주의의 가치를 중시하여 정책적으로 시행하게 되면, 개인이 집과 땅을 사고파는 자율적 선택권을 갖게 되는데, 이로써 부동산도 투기의 대상으로 전락하여 가난한 자에게 집 없는 설움과 고통을 가중시키게 된다. 이런 사회 문제를 불식시키기 위해 시장 자유주의 정책을 넘어서기로 했다고 하자. 이때 평등주의 가치에 따른 교정적 정의의 관점으로 다가가느냐, 아니면 인애의 가치에 따른 자애로운 배려의 시각으로 다가가느냐에 따라 정책의 차이도 크게 벌어지게 된다. 물론 사회 구성원의 만족도도 달라질 수밖에 없을 것이다. 평등주의의 교정적 가치 시각으로 보면 과세를 물릴 부자가 먼저 보이게 되고, 공동체주의의 인애의 가치 시각으로 보면 집 없어 애를 태우는 빈자가 먼저 눈에 밟히게 된다. 여기서 우선하는 정책적 가치는 이웃을 따뜻하게 보듬는 인애와 사랑, 자비의 가치이고, 분배적 평등은 그 다음이 된다.

인애가 숨 쉬는 자유적 공동체주의

인애와 같은 미덕의 가치는 사람들 간의 관계성을 따뜻하게 만드는 것으로서 역시 관계성을 드러내는 평등의 계기를 더욱 빛나게 조성하기 때문에 인애의 가치는 평등의 가치를 중시하지 배척하지 않는다. 물론 인애와 미덕의 가치를 제도로 구현하고자 한다고 해서, 그것이 개인이 갖고 있는 고유성과 자유를 배격하는 형태로 전개되어서도 안 된다. 예컨대 인애의 정책가치로 부동산정책을 시행함으로써 누구나 양질의 공공임대주택서 저렴한 비용으로 거주할 수 있는 사회적 여건을 만들도록 하지만, 그것을 이유로 각 개인의 자유로운 거주 이전과 주택 선택의 자유를 배제해서는 안 된다. 열심히 땀을 흘려 자산을 많이 가진 부자들이 크고 더 질 좋은 주택을 소유하고자 할 경우, 이를 허용할 수 있어야 한다. 다만 주거시설이나 최소 영양공급, 기초교육, 알맞은 의료혜택과 같이 인간 삶에 있어 필수적인 요인에 관한 한, 사회 구성원 누구나 공동으로 알맞게 향유할 수 있도록 공동체가 적극 배려해야 하고, 이에 따른 재원이 요구될 때 구성원의 처지와 형편, 여유에 따라 부담을 짊어지는 비율이 공정하게 조성되어야 한다. 공공임대주택에서 거주를 원하는 누구나 스스로 감당 가능한 범위에서 작은 비용으로 살 수 있도록 배려하되, 크고 좋은 집에서 살고자 하는 사람들은 무시되지 않을 정도의 알맞은 부담을 갖도록 적정의 세금을 낼 수 있어야 한다. 그 이유는 집과 부동산이 사회문제를 초래할 정도로 투기의 대상으로 전락하지 않도록 하기 위함이며, 이것 역시 공동선을 구현하는 한 방도가 될 것이다.

덕의 정치는 인애에 바탕을 둔 연계적 자아의 정치이다. 자아의 고유성을 존중하기 때문에 자유적 계기를 가지며, 평등주의보다 더 따뜻하게 연계성에 사랑의 숨결을 불어넣기 때문에 바람직한 공동체를 만드는 데 기여한다. 따라서 필자는 이런 입장을 인애가 숨 쉬는 자유적 공동체주의로 일컫고자 한다.

공동선의 정책은 사회 구성원 모두에게 좋은 것을 구현하는 것으로서, 소수 부자에게만 이로운 것은 가급적 지양하면서 사회적 약자도 인간으로서 존엄을 유지하면서 살아갈 수 있도록 조성한다. 이때 약자를 포함한 사회 구성원 모두를 따뜻하게 배려하는 핵심적 미덕의 아이콘이 곧 인애(이웃사랑, 자비)라는 가치임에 주의할 필요가 있다. 자유와 더불어 평등의 가치가 제도적으로 중요한 것이지만 그것만큼, 아니 그 이상으로 인애와 정직, 배려와 같은 공동체적 미덕의 가치가 요구됨을 알 수 있다. 따라서 이문일심으로 귀결 짓는 화쟁이란 방도로 오늘의 정치 현실을 평가할 때, 21세기의 새 시대에는 새로운 정치, 인애의 제3 범주 정치가 더욱 절실하게 요청된다고 하겠다.

제3범주의 정치

5

he Third Politics Concert

시대사적인 제3정치

　근현대 세계사에서 제3정치의 길이 종종 모색되었고, 그 가운데 일부는 주류의 정치적 사조로 자리를 잡기도 했다. 첫 번째로 가장 성공한 제3정치의 표본으로 복지국가를 탄생시킨 사회민주주의social democracy를 들 수 있다. 1917년 소비에트 혁명 이후 서유럽에는 제1범주의 자유주의를 추구하는 보수정당이 있었고 또 평등적 사회주의를 꿈꾸는 제2범주의 정당도 있었다. 당시 서유럽 진보 세력의 일부는 혁명이나 대변혁이 불가능함을 자각하게 되자 자신들이 처한 현실적 조건을 냉정하게 파악하는 선에서 적극적 변화를 도모하기 시작하였다. 특히 제2차 세계대전은 전환의 결정적 계기였는데, 전쟁으로 피폐화된 사회적 여건에서 고달픈 민중의 삶을 달래줄 수 있는 국가의 획기적 정책이 요구되었다. 바로 이 시기에 사회민주주의가 제3정치의 대안으로 각

광을 받게 되었다.

복지국가 탄생시킨 제3정치의 사회민주주의

제2차 세계대전을 전후로 거듭난 사회민주주의는 자본주의와 공산주의 사이의 중간 길을 걷는 노선으로 변화되었다. 서유럽의 일부 진보 정당은 대의 민주주의를 유지하는 기반 위에서 마르크스의 평등적 이상을 최대한 반영하려는 시도를 펼치기 시작했다. 시장경제와 사회적 평등을 양립시키는 방식을 선택하게 된 것이다. 이에 따라 사회 구성원 누구나 태어날 때의 요람에서부터 죽을 때의 무덤에 이르기까지 최소한의 인간다운 존엄한 삶을 가능하게 해주는 복지국가welfare state가 탄생되기에 이르렀다. 이 기획을 성공시킨 가장 대표적인 나라의 사례로 스웨덴을 들 수 있다.

영국의 수상 대처와 신자유주의

두 번째로 의미 있는 제3정치의 길은 20세기 말에 출현했다. 그것은, 진보 진영의 사회민주주의와 보수 진영의 신자유주의 양자의 고착 상태를 깨뜨리면서, 20세기 말에 불어 닥친 냉전 이후라는 시대적 상황에 부응하는 형세로 '제3의 길'이란 이름으로 주창되었다.

1970년대에 영국은 보편화된 사회복지 제도의 후유증으로 인해 경제적 활력이 현저하게 떨어지는 영국병을 앓고 있었다. 공기업의 경영은 느슨해졌고, 일하지 않고 놀고 지내려는 사람들이 늘어났으며, 이로써 경제 전반의 추동력이 약화되었다. 이에 보수당의 마가레트 대처Margaret H. Thatcher가 1979년의 총선거에서 집권을 하게 되자, 복지혜택을 대폭 축소하고 자유 시장에 활력을 불어넣으며 철도와 같은 국가 기간시설을 민영화하는 등 정부의 시장 개입을 최소화하는 정책을 펼치기 시작했다. 이른바 신자유주의*를 내세우게 되는데, 1981년에 임기가 시작된 미국의 레이건R. Reagan 행정부도 이에 조응하는 정책을 펼치게 된다. 그런데 신자유주의는 경제 활성화에 기여했지만, 그 이면에서는 노동자

● **신자유주의 (neo-liberalism)**

사회민주주의 실현에 따른 과도한 복지체계가 경제성장에 장애로 작용한다는 문제 인식에 따라 경제 시장을 자유주의 사조로 조망함으로써 이윤 추구의 시장논리를 더욱 강화하고 국영기업도 민간에게 개방하는 등의 조치를 취하는 경제적 시장 자유주의를 뜻한다. 초기에 영국의 보수당이 추진하였고, 미국의 공화당도 이에 보조를 맞추었다. 자유지상주의(libertarianism)가 인간 개인의 자유로운 권리를 최대한 보호하기 위해 정부의 간섭을 배제하고자 하는 데 비해서, 신자유주의는 경제 시장의 자율적 운영을 보호하기 위해 정부의 간섭을 축소하자는 데 초점이 맞추어져 있다.

의 고용여건을 악화시키고, 사회적 빈부의 격차를 더욱 벌리며, 제3세계의 희생을 초래하여 새로운 국제사회의 문제를 낳고 있었다.

블레어와 제3의 길

신자유주의가 미국과 영국을 필두로 전 세계로 확산되던 무렵에 국제사회는 20세기 중반 이후 지배적 분위기로 팽배했던 냉전체제가 급속히 소멸되는 새로운 사태를 맞이하게 된다. 1989년에 베를린장벽이 붕괴되어 독일은 통일을 맞이하였고, 그리고 1991년에는 동서냉전의 핵심 축의 하나였던 소비에트연방의 체제가 해체되기에 이르렀다. 국제사회가 오랜 동안의 이데올로기적 대립에서 벗어나게 되었는데, 신자유주의의 확산으로 인해 문명과 종교권의 충돌이 우려되는 등 또 다른 유형의 갈등이 고조되고 있었다. 바로 이런 시기에 보수 진영의 신자유주의와 진보 진영의 복지만능 사회민주주의를 넘어서고자 하는 대안이 제3의 길*로 천명되었다.

제3의 길은 영국 노동당의 토니 블레어Anthony C. L. Blair 수상이 런던정경대학 사회학자 기든스의 이론을 채용하여 이를 정치적으로 펼친 데서 회자되었다. 독일에서는 사민당의 슈뢰더G. Schröder

총리가 집권하면서 역시 이에 부응하였다. 유럽연합EU 역시 정책을 펼치면서 이 방안을 부분적으로나마 수용하고 있다. 제3의 길은 노동시장의 유연화를 도모하면서 복지제도를 다소 축소하고자 한 점에서 사회민주주의 노선과 다르고 또한 국가 기간시설과 교육에 대한 정부의 지원을 강화한다는 점에서 신자유주의와 차별화된다고 할 수 있다. 그리고 제3의 길을 확산시키는 데 기여한 독일 사회학자 울리히 벡의 주장에서 나타나듯이 글로벌 금융위기와 테러리즘의 상시화, 지구온난화와 같은 지구적 환경위기에 대한 예방적 해법도 함께 모색하고 있다는 점에서 탈냉전 시대의 해법으로 주목을 끌고 있다.

현재 유럽에서 제3의 길이 정치적으로 여전히 의미를 갖고 있지만, 그 파장이 이목을 끈만큼 컸던 것은 아니라고 해야 한다. 주된 요인은 블레어의 정책이 좌초된 데서 찾을 수 있다. 무엇보

● 제3의 길 (The Third Way)

영국의 사회학자 앤서니 기든스(Anthony Giddens)가 1994년에 「좌파와 우파를 넘어서」라는 논문을 발표한 데 이어서, 1998년에 『제3의 길: 사회민주주의의 부활』이라는 저서를 출간하였다. 기본 논조는 신자유주의가 낳은 사회적 폐해를 극복하는 데 초점을 맞추고 있지만, 신자유주의의 등장을 초래한 복지 만능주의에 대한 반성도 담겨 있다. 영국 노동당 출신의 수상 토니 블레어가 기든스의 정치사상을 받아들임으로써 제3의 길이 세계 속의 화제로 부상했다. 독일의 울리히 벡(Ulrich Beck)도 이에 동조하는 논조를 펼침으로써 그 영향이 유럽 대륙 전체로 미치게 되었다. 특히 그의 위험사회(risk society) 담론은 냉전 이후 EU가 새로운 국제사회의 질서를 조성하기 위해 펼쳐야 할 정책 방안을 포함하고 있다는 점에서 큰 의미를 갖는다고 할 수 있다.

다도 2001년 9.11테러 이후 전개된 미국 주도의 아프가니스탄 전쟁과 이라크 침공에서 영국의 블레어는 미국의 패권주의에 기대는 정책을 펼침으로써 조기에 총리직에서 물러나야 하는 비운을 겪었다. 그는 영국 내의 심한 반전 분위기에도 불구하고 이라크전에 뛰어들었다가 미국 대통령 '부시의 푸들'이라는 오명을 쓰게 됨으로써, 제3의 길을 빛 바래게 만드는 실책을 범하였다. 또 다른 요인으로는 2008년 글로벌 금융위기에 대응할 수 있는 효과적인 방안을 제시하지 못한 데서 찾을 수 있다. 금융 산업을 확대한 영국 역시 금융위기의 파고에 취약할 수밖에 없었다. 다만 독일의 슈뢰더 총리는 집권한 7년 동안 새로운 중도라는 기치 속에 사회 안전망을 유지하는 선에서 연금 등 사회보장제도를 과감하게 개혁하여 연방정부의 과도한 재정 부담을 줄인 탓에 독일이 금융위기 속에서도 EU의 버팀목으로서 중추적 역할을 해내고 있다는 점에서, 제3의 길은 중부 유럽과 서북부 유럽, EU의 정책에 일정한 정도의 영향을 끼치고 있다고 보아야 한다.

한국과 제3범주 정치

오늘의 한국 사회에서 가장 중요한 것은, 세계사적 흐름에 비추어 볼 때, 우리의 정치가 새로운 길을 제대로 찾지 못하고 있다는 점이다. 보수 정당이 신자유주의의 리듬에 맞춰 춤을 추고자 하는 데 대해서는 이해가 간다. 문제는 보수적인 이명박 정부와 새누리당이 정책철학의 가치에 의거하기보다 탐욕의 동기를 여지없이 드러내어 국정을 농단하고 있다는 데 있을 뿐이다.

우리가 직면하는 보다 큰 문제는 진보 진영에 있다고 여겨진다. 보수 우파의 정당이 온갖 부정과 비리, 독재와 민주주의 탄압, 재벌 친화적 정책에 따른 사회 양극화 심화 등으로 인해 국민의 분노를 사고 있어도, 그 대안으로 선뜻 낙점을 받지 못하고 있다는 사실이다. 국정을 운영하기에 무능하다는 평가를 받고 있기 때문인데, 정책적 행보 자체가 그야말로 갈지자형이다. 민주당의 경우. 어떤 때는 신자유주의에 부응코자 열심히 기웃거리다가 또 어떤 때는 평등주의 노선을 따르고자 한다. 요즈음은 복지정책과 관련해서 새누리당이 좌클릭을 조금 하니까, 이에 뒤질세라 더욱 열심히 좌클릭을 하여 보편적 복지를 열렬히 주창하고 있다. 이를 관망하는 좌파 성격의 진보당은 이전부터 주장해왔던 보편적 복지 노선에 거대 여당과 야당이 더 가까이 따라온다고 해서 매우 흡족해하고 있다. 그러나 진보당 역시 시대적으로 흘러간 옛 노래에 집착하는 형세에서 벗어나지 못하고 있다. 낡은 좌파 이데올로기의 일에서 세대로 부활할 생각을 갖지 못하고 있다. 뿐만 아니라 노선을 둘러싼 주도권 다툼으로 민주주의 절차를 외면하는 좌파 특유의 독선을 보여주어 국민적 실망감도 안겨주고 있다.

결국 보수와 진보 진영이 서로 경직된 태도로서 꼬투리 잡기의 비판과 비난, 헐뜯는 정쟁을 일삼는 과정에서 우리 사회는 선진국 문턱에서 멈칫거리며 자칫 추락할 수도 있는 형세에 놓여 있다. 재벌그룹의 탐욕과 여전한 문어발식 확장으로 인해 사회양극화는 심화되고 있고, 제도적 뒷받침을 제대로 받지 못하는 대다수 중소기업은 부진의 늪에서 벗어나지 못함으로써 그들이 제공하는 양질의 일자리는 매우 제한적인 상태에 놓여 있으며, 적지 않은 수의 청년들은 실업상태에서 벗어나지 못할뿐더러 미래에 대한 희망조차 갖지 못하는 비극적 상황에 놓여 있다.

제3범주 정치의 필요성

한국은 새로운 정치적 길을 개척하지 않으면 안 된다. 정치가 사회 진전에 발목을 잡아왔는데, 이제는 반전을 시켜야 할 때이다. 이때 사회민주주의나 기든스의 제3의 길이 대안일 수 있지만, 우리에게 잘 들어맞을 것이라고 보기 어렵다. 그 이유로 두 가지를 들 수 있다. 하나는 사회민주주의나 제3의 길이 협동조합주의나 공화주의라는 공동체적 문화의 기반 위에서 피어날 수 있는 것인 데 반해, 우리는 제도적으로 그런 것을 시행해본 적이 없을 뿐만 아니라 오히려 그것에 역행하는 미국식의 개인주의적 자유주의에 지나치게 노출되어 있다는 점이다. 다시 말해서 그것이 사회문화적으로 공동체적 연대의 정신이 구현되어 있는 독일과 스웨덴 등에서는 꽃피울 수 있어도, 그렇지 못한 우리에게는 적합하지 않을 수 있다. 또 다른 이유는 한국전쟁 이후 적대성을 띤 이념적 대립이 아직도 정치사회적으로 맹위를 떨치고 있는 상태에서 남북의 갈등이 지속되고 있으므로, 상대방의 완고함을 누그러뜨릴 정도의 정치규범적 미덕을 구현하는 정치철학이어야 새로운 길로서 실효성을 갖게 될 것이라는 점이다.

필자는 두 가지 이유에 비추어서 서유럽의 사회민주주의와 제3의 길이 우리와 맞지 않기 때문에, 인애의 자유적 공동체주의를 우리 사회에 적합한 제3범주의 정치Third Category Politics로 제안하고자 한다. 그것은 한편으로 공동체주의의 노선이기 때문에 잃어버린 공동체성과 사회적 연대를 회복하는 데 효과적이고, 그런 기반 위에서 (신)자유주의의 폐해를 극복할 수 있다. 그것은 또 다른 한편으로 인애를 기반으로 자유와 평등을 조율하는 특성을 띠기 때문에 정치적 상대방인 보수 진영과 차별화하면서도 서로 조화와 상생으로 나아갈 수 있는 길을 제시해줄 것이다. 특히 분단 상황에 놓인 한반도에서는 남북의 평화통일로 가는 길에 더욱 적합할 것이라고 본다. 과거 사회민주주의가 서구 진보정당의 주류 이념으로 자리를 잡게 된 것처럼, 향후 자유적 공동체주의가 한국 사회에서 새로운 진보적 가치의 중심으로 서게 될 것이라고 전망한다.

개체론과 전체론, 그리고 사회

　제1범주의 정치물결은 봉건제를 혁파하고 등장한 자유주의의 도래에서 확인할 수 있다. 물론 자유주의는 서구에서 개인주의 사조와 결합되었고, 경제적으로 시장 자본주의 체제를 낳는 데 기여했다. 이때 자본주의의 전개가 유럽 대륙과 미국에서 다소 상이하게 전개되고 있음에 유념할 필요가 있다고 본다. 유럽 대륙의 경우, 백인 집단이 주류를 형성하고 있기 때문에 고대와 중세를 거쳐 근현대에 이르기까지 여전히 공동체의 관계적 미덕을 간직하는 경우가 많다. 이런 연유로 사회적 연대의 전통이 아직도 지속되고 있음을 알 수 있다. 그 일환으로 정부와 기업의 경영진, 그리고 노동조합(또는 시민사회 진영)이 고유한 역할을 수행하면서 서로 비판과 대립, 갈등 속에 놓이게 되는데, 그럼에도 불구하고 사회의 중대 사안에 대해서는 노사정 연대와 같은 것을 일구어 내는 데 성공을 거두기도 했다.

　미국도 처음에는 유럽서 건너온 청교도들의 역사적 삶의 행태로 인해 공동체의 미덕을 적지 않게 갖고 있었다. 공화주의*가 건국의 기초를 놓은 토머스 제퍼슨* 등 상당수에게 공유되고 있었고, 이로 인해 산업화와 자본화에 따른 사적인 부패가 공동선의 이름으로 제어될 수 있었다. 심지어 초기 노동조합은 생산자라는 능동적인 계급적 관점에서 공화주의적인 경제개혁에 임했었다. 그러나 세월이 흐를수록 연대적 공동체성과 공화주의 전

● **공화주의 (republicanism)**

우리나라 헌법 제1조는 대한민국이 민주공화국임을 천명하고 있다. 서양의 역사에서 공화국(republic)은 가변적으로 사용되었기 때문에, 그 정의가 다소 유동적이다. 좁게는 군주국과 반대되는 체제를 뜻하기도 하고 또 넓게는 법률에 의해 지배되는 국가를 나타내기도 한다. 서양은 그리스나 로마 시대에 공화국의 체제를 가져본 반면, 우리는 과거에 이런 체제를 향유한 적이 없다. 공화국의 어원인 라틴어 레스 푸블리카(res publica)는 공적인 것이라는 의미로서 레스 프리바타(res privata), 즉 사적인 것과 대비된다. 그리스에서 도시국가(polis)가 공적인 일을 처리하는 곳인 반면, 가정(oikos)이 사적으로 경제적 벌이 등을 하는 것으로 대비되었기 때문에 서로 평행적이다. 이렇게 보면 공화주의는 사회 구성원들이 공동의 선이나 이익을 도모하기 위해 서로 연대하여 국가를 공동체적으로 이끌어가는 사조라고 할 수 있다.

● **토머스 제퍼슨 (Thomas Jefferson, 1743~1826)**

미국 건국의 아버지로서 독립선언문을 기초하였다. 그는 공업이 시민의 미덕을 함양하는 데 저해된다고 보아 비판적 입장을 강력하게 견지한 반면, 농업은 서로 협력하여 일을 하는 풍토로 인해 공동체를 자치적으로 이끄는 데 큰 도움을 준다고 보아 적극적으로 장려하고자 했다. 제퍼슨은 시민들의 자발적 참여에 의해 국가의 정치가 바르게 서기를 기대한 공화주의자였는데, 오늘날 민주당의 전신인 민주공화당을 창당하여 지도자가 되었고, 제3대 대통령으로 당선되었다.

통은 약화되면서 개인주의의 경향이 더욱 두드러지기 시작했다.

필자는 미국서 개인주의가 더욱 강화된 데 대해, 두 가지 주된 이유를 꼽을 수 있다고 본다. 첫째는 백인종이 흑인종을 노예로 부리다가 점차 형식적 평등권을 부여하게 되었지만 여전히 잠재적 의식 속에 흑백 구분의 이원론적 사유가 깃들어 있었고, 이런 분리주의 사유가 개인주의를 촉진했다고 보인다. 둘째는 영국이 1970년대 후반부에 이른바 복지병에서 벗어나기 위해 신자유주의를 천명하는 대처리즘을 표방하게 되고, 미국도 뒤질세라 레이거노믹스로 이것에 공동보조를 맞추게 되는데, 이로써 자유주의의 개인적 이기심이 더욱 강화된 데 있다. 결국 미국 사회는 정치철학적 자유주의와 경제적 자본주의, 인종 차별주의가 개인주의 사조와 결합되는 양상을 가장 첨예하게 드러냄으로써 이기심이 증폭되는 과정에 놓여 있고, 그 일단이 뉴욕의 맨해튼 월가에서 시작된 2008년의 글로벌 금융위기로 표출되었다고 볼 수 있다.

방법론적 개체론과 개인주의

인간은 세상과 사회에 대한 진리와 지식을 얻고자 한다. 이때 다가가는 방식에서 차이를 드러내곤 하는데, 이를 일러 방법론이라고 한다. 그 방법론은 대체로 둘로 분별된다. 하나는 방법론적 개체론individualism이다. 개체론은 우주나 사회와 같은 전체를 알고자 할 때, 그것을 구성하는 최소 단위, 즉 나눌 수 없는 낱개로 분리하여 그 속성을 파악한 뒤 이런 것들을 합하는 것으로 다가간다. 고대 그리스의 데모크리토스 원자론과 뉴턴을 필두로 한 근대과학의 주객 이분법적 탐구, 인체의 영역을 현미경 요법으로 세밀하게 추적하는 서양의학 등이 이런 방법론의 유형으로 등장했다. 그리고 같은 방법으로 사회를 조망하면서 탄생한 사조가 있었으니, 그것이 곧 개인주의이다. 같은 방법론으로 경제적 지평에 펼쳐진 것은 자본주의이다.

개체론은 낱개의 특성을 더욱 세밀하게 파악하기 위해 분석하여 분리하는 것을 특징으로 한다. 전체는 낱 구성원인 개체들의 단순 합에 불과하므로 전체 그 자체에 주목할 이유가 없다. 이 방법으로 다가간 사회적 개인주의는 전체인 공동체를 그 자체로 드러낼 필요 없이 개인의 행동 방식을 파악하여 그것이 원활하게 이루어지도록 조성하면 된다. 공동체가 거론되지만, 어디까지나 개인들 행위의 집합적 산물로서 언급되는 정도로 충분하다고 여긴다. 이런 방법으로 인간이 자연에 다가가면, 이성을 지닌 인간 사회와 그런 속성을 갖지 못한 자연은 둘로 분리되고, 이에 따라 인간과 물질의 이원론, 사회와 자연의 이분법으로 나타난다.

방법론적 전체론과 공동체주의

세상을 보는 또 다른 하나의 방도가 있는데, 그것은 방법론적 전체론holism이다. 이 방법으로 우주와 사회에 다가가는 것이 가능하다. 전체론은 생각함에 있어서, 즉 인식론적으로 우주나 사회와 같은 커다란 전체를 그 구성부분들로 나누어 볼 수 있는데, 실제 세계에서는 존재론적으로 구성부분들이 나름의 고유성을 지니고 있으면서도 또한 서로 내적으로 연결되는 관계성relationship의 특성을 갖고 있다고 파악한다. 인간과 동물, 식물, 물리적 여건은 서로 다른 고유성을 지니고 있으면서 생명적 차원에서 서로 연결되어 있다고 본다. 동양의 천인합일天人合一 사상은 인간과 자연이 서로 연결되어 있음을 나타내고 있고, 불교의 색심불이色心不二는 정신과 물질이 둘로 분리되어 있지 않음을 드러내고 있으며, 신토불이身土不二는 인간의 신체와 생명의 자양분을 제공하는 땅이 둘로 분리되어 있지 않다는 것을 제시하고 있다. 뉴턴 패러다임과 궤를 달리하는 생태학도 자연이 내적 관계성 속에 있으면서 상호 연루되어 생명을 유지하게 된다고 보고 있다. 양자역학을 필두로 한 현대 물리학도 같은 패러다임에 속한다. 이와 같은 전체론의 시각으로 사회를 보는 것이 가능하다.

개체론은 전체가 요소들로 분리되어 있다고 보는 반면, 전체론은 구성부분들이 서로 내적인 관계성을 지니고 있기 때문에 분리될 수 없다고 본다. 개체론의 방법으로 다가가는 사회적 개인주의는 개인의 행동에만 초점을 맞추어 사회적 역할을 설정한다. 이때 자아는 분리된 무연고적 자아가 된다. 반면 전체론의 방법으로 사회에 다가가면 공동체주의가 부상하게 되고, 이때 자아는 유기적인 연계적 자아relational self가 된다.

신 공동체주의

하버드대학의 정치철학자 마이클 샌델Michael J. Sandel은 미국 사회의 자유주의, 좀 더 구체적으로 개인주의적 자유주의가 사회를 황폐화시킴을 몹시 애석하게 여기면서 공동체의 아름다운 전통을 다시 회복시킬 필요가 있음을 역설하고 있다. 그는 자유주의가 무연고적 자아의 정치로 이행하게 되어 많은 사회문제를 초래하게 됨을 밝히고 있다.

무연고적 자아의 정치와 한계

무연고적 자아unencumbered self의 정치는 공동체의 다른 구성원이나 타 집단에 대해 무책임한 모습을 보이게 된다. 자유주의의 핵심 사안은 이성을 가진 나 자신이 선택적 상황에서 자유의사에 따른 결정을 내리고, 그에 따른 책임을 질뿐이라는 점이다. 이관점에 서면, 일본 정부가 한국인 위안부에 대해 취하는 태도에 수긍하는 입장에 서게 된다. 전후 세대가 대다수인 현재의 일본인들은 자신과 무관하게 선대가 과거에 저지른 일에 대해 현세대 개인들의 단순 집합체인 일본 정부가 나서서 사죄를 해야 할 이유가 없다고 본다. 왜냐하면 자신이 저지르지 않은 일이기 때문이다. 자유로운 결단에 의해 행해진 잘못이 분명할 때 상응하는 책임도 지고 하는 것이지, 도내체 자유로운 결단과 무관한 사태에 대해 사과니 배상이니 묻고 하는 것 자체가 잘못된 구도라는 것이다. 따라서 개인주의적 자유주의에 기반을 둔 무연고적 자아의 정치는 일본 정부의 위안부 사태에 대한 거부를 그릇된 것이라고 볼 수 없게 된다.

이에 반해 샌델은 독일의 국민과 정부가 나치 만행에 따른 유태인에 대한 사죄를 지속적으로 행하는 것에 대해 공동체주의의 시각으로 설명하고 있다. 공동체주의의 관점에서 보면, 인간은 시간 축으로 역사성을 띤 존재이고, 공간 축으로 사회 구성원과 더불어 살아가는 연계성을 띤 존재이다. 따라서 정치는 연고적 자아encumbered self의 시각으로 풀어야 한다. 인간은 누구나 구체적인 시대적 상황에 놓인 자아이기 때문이다. 현재 독일 국민 대다수 역시 전후 세대가 대부분인데, 그들은 자신들이 유태인에 대해 만행을 저지르지 않았다고 하더라도 선대가 저질렀고, 자신들은 조상들과의 역사적 맥락에서 출현하여 성장했기 때문에 일말의 책임을 지는 것이 온당하다는 태도를 갖고 있다. 따라서 한국인들이 일본 정부의 한국인 위안부에 대한 태도를 매우 무책임한 짓이라고 비판하려면, 개인주의적 자유주의를 넘어서서 연계적 자아의 정치가 이루어지는 공동체주의의 지평에 이를 때 가능하게 된다.

신 공동체주의의 등장

동서를 가릴 것 없이 과거에는 사회에 공동체 정신과 문화가 가득히 깃들어 있었다. 동아시아에서는 유교, 남아시아에서는 힌두교 사상이 이를 대변했다. 서양에서는 아리스토텔레스를 필두로 한 그리스 철학과 기독교 사상이 역시 이를 옹변했다. 다만 서양에서는 개인의 자유와 권리 인식이 동양보다 앞섰다고 말할 수 있을 정도이지, 사회적 토대로서의 공동체성은 동서 세계 모두에게 구현되어 있었다. 문제는 서양 일각의 원자론과 개인주의가 근대 이후 자유주의 및 자본주의 사조와 결탁되어 전 세계로 파급되었고, 이로써 무연고적 자아의 정치가 횡행하게 되어 사회적 명암을 극명하게 드리우고 있다는 점이다.

무연고적 자아의 정치는 욕망이라는 이름의 전차를 추동함으로써 사회에 물질적 성장의 과실을 안겨주고 있고 또한 개인의 자유를 극도로 향유할 수 있는 기회를 가져다주었다. 그러나 그것은 밝음 이상으로 흑암의 질곡과 병리적 현상을 초래하고 있다. 바로 이런 현대의 시대적 상황에서 공동체가 갖는 중요성에 대해 다시 주목하는 신 공동체주의new communitarianism가 도래하게 되었다.

　신 공동체주의는 1980년대 무렵부터 일군의 정치철학자들에 의해 본격적으로 조성되기 시작했다. 대표자의 하나인 테일러C. Taylor는 근대 이후에 형성된 자유주의가 인간 개인의 자율적 결정 능력을 발전시킬 때 공동체적 맥락을 필요로 하지 않는다고 생각하게 하는 원자론적 사회를 조성했다고 비판한다. 매킨타이어A. MacIntyre는 테일러의 논조에 호응하면서, 자유주의에 의거할 때 우리는 타인과 유리된 고유의 생활을 하는 것처럼 비춰지는데, 실제로 인간은 누구나 자신이 속한 가족이나 선조, 지역의 이야기와 정신적 가치, 문화적 역사성을 계승하면서 살기 때문에 서사적 탐색을 하는 공동체적 삶을 살고 있다고 지적한다. 그래서 나에게 좋은 것은 내가 뿌리를 내린 공동체의 선에 부응하는 것이어야 한다고 주장한다. 왈쩌M. Walzer는 이에서 더욱 달음질을 쳐서 문화가 다원주의 특성을 띠고 있기 때문에, 정의가 모든 문화에 일괄되게 적용될 수 없고 오히려 공동체의 영역에 따라 다르게 구현되어야 한다고 내다보았다.

공동체주의*는 사회 속 인간을 분리된 존재가 아니라 서로 내적 관계성을 띤 연계적 자아로 본다. 누구나 공동체의 장 속에서 타인과 교류하면서 영향을 주고받고 있고 또한 선대로부터 이어지는 역사적 연결고리를 공유함으로써 구체적인 문화적 맥락에 뿌리를 내리고 있다. 그런데 같은 시각에서 인간과 자연의 관계를 파악함으로써 현대의 생태적 위기를 극복하려는 사조도 등장했다. 생태주의*가 바로 그런 입장이다. 개인주의적 자유주의는 인간이 자연과 분리되어 있고 그리고 우월한 인간이 사회적 삶을 풍요롭게 조성하기 위해 자연을 자유롭게 이용할 수 있는 자격을 갖고 있다고 보게 되는데, 이와 달리 생태주의적 공동체주의ecological communitarianism는 인간 사회가 자연과 유기적으로 연계되어 있고 그리고 사회가 지속 가능하기 위해서 자연으로부터 받는 혜택에 상응하는 정도로 자연에 대해 윤리적 책임을 알맞게 인식하여 실천해야 한다고 여긴다.

공동체주의가 인간의 관계적 행위를 사회 공동선에 부응토록 재설정하는 기획을 갖고 있듯이, 생태주의는 생물권의 생명부양 체계를 건강하게 유지하려는 지구 공동선의 구현에 초점을 맞추어 인간의 삶을 지속 가능하도록 재구축하는 데 주안점을 두고 있다. 필자가 제기하는 생태주의적 공동체주의는 인간 각자가 자유로운 삶을 영위하되, 그것이 사회 구성원과의 유기적 연계성을 규범적으로 건강하게 유지하는 방향으로 나아가야 하고, 그리고 인간 사회가 자연이라는 생명 공동체의 구성원이기 때문에 다른 생물권의 영역과 호혜적일 수 있도록 지구 공동선 global common goods을 추구해야 한다고 본다.

● **공동체주의**

공동체 사회가 구성원들의 유기적 관계 속에서 역사성을 간직한 채로 형성되어 존속하기 때문에 사회의 건강성을 위해 공동의 선을 추구해야 한다고 보는 사조이다. 서양에서는 아리스토텔레스가 사회를 유기체적인 것으로 보아 사회 구성원 각자로 하여금 미덕을 함양하고 수행하여 공동선을 구현토록 하는 것이 정치의 목적이라고 보았다. 동양에서는 공자가 군자의 덕인 인(仁)을 길러 행하게 함으로써 사회에 도가 널리 구현되는 세상을 만들고자 했다. 아리스토텔레스와 공자의 사상을 전통적 공동체주의라고 한다면, 현대의 공동체주의는 20세기 말에 출현하였다. 물론 마르크스주의도 공동체에 대해 일정한 관심을 기울였지만, 계급문제 해소에 주안점을 두었다. 신 공동체주의는 자유주의에 대한 최근의 비판에서 그 유래를 찾아야 한다. 이 입장은 자유주의가 인간을 역사적 맥락에서 일탈되고 동료 구성원으로부터 유리된 무연고적 자아로 만듦으로써 공동선의 구현에 심각한 장애를 초래하고 있다고 비판한다.

● **생태주의 (ecologism)**

인간 사회와 자연이 유기적으로 연결되어 있다는 인식 속에 자연과 상생을 도모함으로써 지속 가능한 사회(sustainable society)를 조성하려는 사조이다. 이와 대비되는 것으로 환경 관리주의가 있다. 환경 관리주의는 인간 사회가 설정하는 목적에 따라 자연을 도구로서 이용하되, 체계적이고 효율적으로 관리함으로써 환경문제를 해결하고자 한다. 반면 생태주의는 환경 관리주의가 이윤 창출의 동기로만 접근하기 때문에 환경위기를 자초할 수밖에 없다고 비판하면서, 인간이 문화적 존재로서 자연을 활용하는 것이 불가피하지만 자연을 생명의 원천(source of life)으로 간주하여 그로부터 얻는 혜택에 상응하는 정도로 자연에 대한 윤리적 책임을 짊어짐으로써 생태적으로 건전한 사회로 재구축을 하고자 한다.

한국 사회의 대안 모색

한국은 미국의 도움을 얻어 일제로부터 독립을 하게 된 이후 지속적으로 미국의 문물과 제도를 도입하는 데 주안점을 두어 왔다. 합리적인 제도와 자유로운 사상, 선진화된 문물이 들어오는 것은 환영할 만한 일이다. 그러나 그 정도가 지나칠 뿐만 아니라, 우리에게 맞지 않는 잘못된 것도 대거 이식됨으로써 우리 사회가 혼란과 부패로 내몰리고 있음에 유념할 필요가 있다. 무엇보다도 개인주의적 자유주의의 사회제도는 우리를 무연고적 자아로 둔갑시켜서 타자와 무한 경쟁을 하도록 추동하고 있다. 이렇게 변모되면, 오직 남을 꺾고 이기는 승리만이 냉엄한 사회에서 생존하는 비결이 된다. 패배하지 않거나 이기기 위해 수단과 방법을 가리지 않게 된다. 마침내 "시장주의에 따라 오직 나 자신에게 이익이 되는 방식으로 영리활동을 하라!"는 보이지 않는 손의 원리가 경제시장을 넘어 학교와 가정, 종교기관, 문화 영역 등 사회 곳곳으로 파고들게 된다.

2008년 뉴욕 맨해튼 월가의 탐욕이 불러일으킨 세계적 금융위기는 자본주의와 개인주의적 자유주의의 본질을 여실히 드러내는 사건이다. 시장 자유주의의 확산 풍조는 제1범주의 정치세력을 자임하는 새누리당에 의해 우리 사회에 적극 조성되고 있고, 그에 따른 해악은 더욱 커지고 있다. 물론 제2범주의 정치세력인 민주당도 그 책임에서 비켜설 수 없다. 이렇게 해서 20 대 80의 사회가 10 대 90의 사회로 진행되면서 사회 양극화는 더욱 심화되고 있다. 방치한다면 1 대 99의 사회가 되지 말라는 법도 없다.

1% 지배 사회의 비극

2012년 4월에 한국조세연구원이 처음으로 2006년도 국세통계연보를 분석하여 내놓은 자료에 따르면, 대한민국 상위 1%가 전체 소득의 16.6%를 차지하는 것으로 나타났다. 이 수치는 OECD 주요 19개국과 비교한 결과 미국의 17.7%에 뒤이은 2위로 부상한 것임을 드러내고 있다. 최근의 통계를 활용할 경우, 우리의 사회 양극화가 더욱 심화되었기 때문에 미국과 난형난제일 것으로 추측된다. 어찌 되었든 사회적 부의 쏠림 현상이 그만큼 두드러진 것임을 말해주고 있는데, 스웨덴의 7.1%나 프랑스의 8.9%, 일본의 9.2%, 독일의 11.1%, 그리고 3위를 차지한 영국의 14.3%보다 월등히 높게 나타난 것이다. 신자유주의를 주창하고 추동한 미국과 영국 사이에 위치한 것으로 나타났으니, 그만큼 자본의 집중화에 따른 개인주의적 자유주의의 폐해가 극심할 수 있음을 나타내고 있다.

상위 1%가 차지하는 나라별 소득 비중

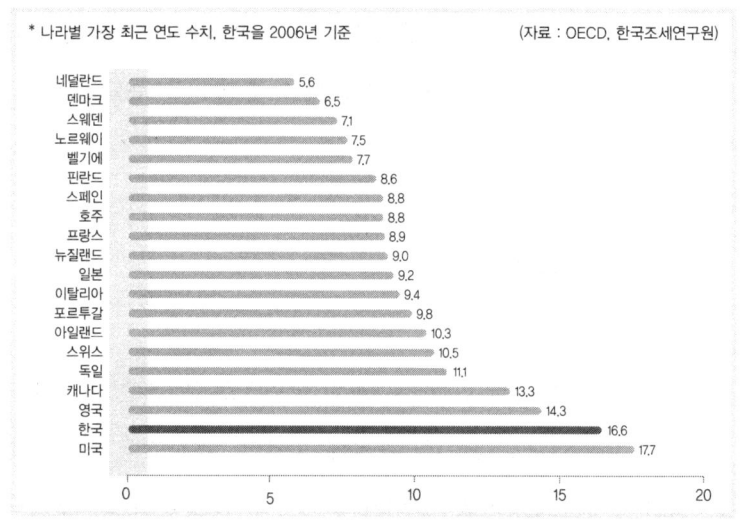

* 나라별 가장 최근 연도 수치, 한국을 2006년 기준   (자료 : OECD, 한국조세연구원)

나라	수치
네덜란드	5.6
덴마크	6.5
스웨덴	7.1
노르웨이	7.5
벨기에	7.7
핀란드	8.6
스페인	8.8
호주	8.8
프랑스	8.9
뉴질랜드	9.0
일본	9.2
이탈리아	9.4
포르투갈	9.8
아일랜드	10.3
스위스	10.5
독일	11.1
캐나다	13.3
영국	14.3
한국	16.6
미국	17.7

* 출처: 중앙일보(2012.4.23)

　　21세기 들어서서 우리나라의 이혼율이 매우 높아지고 있고 노년층의 자살률이 늘어나며, 1인 독신 가구가 많아지는 현상도 이기적 개인주의의 확대에서 찾을 수 있다. 공동체가 붕괴되고 미덕이 실종되면서 개인주의화가 심화되고 있고, 이에 따라 곳곳서 이기심에 가득 찬 행태가 발생하면서 반칙과 부정, 부패가 꼬리에 꼬리를 물고 있다. 2011년에 이어 2012년에도 터진 저축은행의 부실과 경영진의 부패상은 악취를 풍기다 못해 국민적 분노를 사기에 충분하다. 특히 미래저축은행의 사주 김회장이 수천억 원의 자금을 빼돌리고 파산 직전에 돈을 챙겨 중국으로 밀항하려고 한 사건은 탐욕적 자본가의 적나라한 행보를 그대로 보여준 깃이다. 자식이 부모에게 저지르는 패륜도 최고조에 달해 있다. 어느덧 우리 사회는 야수적으로 변모되면서 사람이 사람답게 살 수 있는 사회에서 멀어져 가고 있다. 그런데 현실 정치는 이에 대해 근본 원인을 찾고자 하는 문제 인식조차 갖지 못하고 있다. 그저 어떤 진영, 어느 정파가 권력을 차지할 것인지에 관심이 쏠려 있을 뿐이다.

평등주의 정치와 한계

되돌아보면 제2범주의 정치물결은 자본주의의 탐욕이 빚는 노동소외를 극복하기 위해서 탄생했다. 1917년의 러시아혁명 이후 세계 전역으로 마르크스주의적 평등주의가 퍼지기 시작했다.

자유주의가 드러내는 평등을 형식적인 것에 불과하다고 비판하면서 평등의 실질화에 주력하기 시작했다. 이로써 제2정치는 세상에 많은 기여를 하기도 했다. 1948년의 UN인권헌장은 자유권적 기본권 이외에도 사회적 기본권을 포함하여 선언하고 있는데, 전자가 자유주의의 가치라면 후자는 사회주의의 가치라고 해도 크게 틀리지 않다. 여기서 자유권적 기본권은 자유와 생명, 사유재산에 대한 권리로서 개인 각자가 타인으로부터 침해당하지 않을 권리, 소극적 권리의 특성을 띤다. 이에 반해 사회적 기본권은 개인 각자가 불운이나 능력 부재로 인해 빈곤과 질병, 문맹 상태에 놓이는 사태를 맞게 되더라도 사회로부터 영양 에너지를 공급받을 권리와 기초적 의료혜택을 받을 권리, 교육을 받을 권리를 지닌다는 것으로서 적극적 권리에 해당한다.

한국의 좌파적 진보정당은 비교적 분명하게 이런 것들을 수용하고자 외치고 있고, 민주당은 오락가락하면서도 그 가치의 일부를 수용하는 정책을 펼치는 경향이 있다. 그러나 제2의 정치 물결은 또 다른 사회적 폐해를 초래하고 있다고 보인다. 현존 사회주의는 비판을 허용하지 않는 공산당의 일당독재로 인해 집단적 전체주의의 해악을 초래했다. 한국 사회에서는 민주당과 진보정당이 화석화된 이념의 유산인 전투성을 시종일관 견지하며 진보와 보수, 좌파와 우파의 대립을 적대적으로 몰고 감으로써 국민에게 정치적 피로감을 안겨줄 뿐만 아니라 평등 반영의 정책조차 성공적으로 안착시키는 데 실패했다.

제1과 제2의 정치물결이 구현하고자 한 사회적 가치는 역사적으로 중요한 의미를 갖는다. 총체적으로 조망할 경우, 그 각각은 중요한 일부의 가치를 드러내는 것들이다. 자유가 소중하지 않다고 말할 수 없다. 실질적 평등도 가능하다면 실현해야 할 가치이다. 그러나 하나의 가치만을 극단으로 내세울 경우 다른 가치와의 부조화가 초래됨으로써 기울기의 심화에 따른 사회적 부작용이 매우 클 수 있다. 한국의 우파와 좌파, 전통적 보수와 진보는 서로 적대적 공세를 별침으로써 정치적 헤게모니를 잡기 위한 전략을 채택해왔다. 제1세력을 대표하는 새누리당과 제2세력을 대변하는 민주당은 정치적 동기에서 적대성을 견지하고, 선거의 결과에 있어서는 각각 전리품을 차지하는 담합의 공생정치를 펼쳤었다.

제3범주의 공동체주의 정치

자유와 평등의 가치는 매우 소중하다. 19세기 이후 오늘에 이르기까지 유럽과 한국에서 보수와 진보의 진영이 각각 자유와 평등의 가치를 핵심으로 주창하여 이를 사회제도에 반영하는 정책을 채택해 왔다. 그러나 이것만큼 소중한 또 다른 가치를 정치권이 외면하거나 잃어버리고 있다는 것이 문제이다. 특히 개인주의적 자유주의가 만연하고 있는 미국에서, 또한 미국의 제도와 문화를 도입하는 데 심혈을 기울이고 있는 한국 사회에서 그 가치가 더욱 소중하고 크게 보일 수 있다. 그것은 다름 아니라 공동체적 자아가 드러내는 인애와 배려, 존중의 사회적 덕목이다. 제3범주의 정치물결은 인애(사랑과 인, 자비)를 으뜸으로 하는 가운데 좌우로 평등과 자유를 거느리는 형세로 정치를 펼침으로써 인간이면 누구나 자신에게 고유한 자유를 구가하는 가운데 서로 연대적 조화를 통해 최소한의 존엄한 존재로서 살아갈 수 있도록 사회제도가 뒷받침을 할 수 있어야 한다. 오늘날 한국 사회가 직면하고 있는 소모적인 정치적 적대주의와 자유시장의 탐욕주의, 지역 이기주의, 관료주의, 그리고 개인주의적 자유주의 등의 폐해를 청산하기 위해서는 제3정치의 물결이 등장해야 한다. 그리고 이에서 더 나아가 주요 현안인 사회의 양극화 현상을 최소화하고, 중소기업의 활성화를 통해 좋은 일자리를 창출함으로써 청년실업을 해소하며, 미래에 대한 희망을 누구나 갖도록 조성하기 위해서는 반드시 제3범주의 정치물결이 도도히 흐르도록 해야 한다. 제3의 정치물결이 조성되어야 하는 연유가 바로 여기에 있다.

제3정치
콘 서 트

인애仁愛의
자유적 공동체주의 정치

6

The Third Politics Concert

덕과 사회

덕德, virtue은 윤리적 차원에서 인간이면 누구나 갖추기를 희망하는 인격적 품성이다. 그것은 사회 구성원 각자가 타인과 맺게 되는 온갖 일을 규범적으로 바람직하게 인도하기 위해 요청되는 것으로서 자아 주체가 띨 내적 관계성의 속성을 지닌 것이다. 예컨대 정직이나 용기가 그런 것이다. 심지어 신독愼獨이란 덕목은 홀로 있을 때라도 남 보기에 도리에 어긋남이 없도록 몸가짐을 가지런히 하는 자세인데, 이것에서 보듯이 덕은 연계적 자아가 갖추어야 할 아름다운 모습의 속성을 띠고 있다. 덕은 기본적으로 미덕美德, good virtue일 것인데, 그것의 반대는 부덕不德이고 부덕의 극단은 악덕惡德, vice이다. 덕과 부덕의 대표 주자로서 서로 대비되는 것이 선과 악이다.

유념할 것은 사람의 성품과 결부지어 언급하는 덕과 부덕이

두부 자르듯이 선명히 가를 수 있는 성질의 것이 못된다는 점이다. 그것은 정도의 문제라고 보아야 한다. 군자일수록 덕이 가득하고 부덕이 적을 것인 반면, 소인배일수록 그 반대 양상일 것이다.

다양한 덕목과 인애

덕은 여러 목록으로 분류하는 것이 가능할 정도로 다양하다. 유가의 맹자*는 인성이 본래 선함을 논의하면서 인의예지의 사단이 있음을 전하였다. 그리스의 철학자 플라톤Platon*은 도시국가 폴리스의 네 가지 주된 덕목으로 지혜와 용기, 절제, 정의를 꼽았다. 세계의 보편종교인 기독교와 유교, 불교는 각각 사랑愛과 인仁, 자비mercy를 사람이면 누구나 갖추어야 할 최고의 규범

● 맹자 (孟子, 372~289 B.C.)
중국 전국시대의 인물로서 공자의 학풍을 이어받아 발전시킴으로써 선진시대의 유학을 완성한 것으로 평가를 받는다. 그는 인성론을 논의하면서, "측은하게 여기는 마음은 인(仁)의 단서이고, 부끄럽고 미워하는 마음은 의(義)의 단서이고, 사양하는 마음은 예(禮)의 단서이고, 시비를 가리는 마음은 지(智)의 단서이다"라고 밝힘으로써 인의예지의 사단(四端)이 인간에게만 있는 선천적 본성으로서 사회의 빼어난 덕목이라고 보았다. 맹자는 국가가 요청될 수밖에 없다고 여기면서, 통치자는 윤리적이어야 한다고 판단하여 왕도정치(王道政治)를 주창하였다. 군주가 덕을 결여했을 경우, 역성혁명이 불가피함도 제시하였다.

적 가치로 여겼다. 필자는 보편종교의 세 가지 핵심 가치를 하나의 용어, 즉 인애仁愛로 집약하여 사용하고자 한다. 이것 이외에도 많은 것들을 거론할 수 있다. 보컬그룹 비틀스의 멤버였던 존 레넌은 〈이매진Imagine〉이라는 제목의 노래를 불러 많은 사람들에게 아나키즘의 이상을 공유토록 하고 있는데, 아나키즘은 강압적 권력이 사라진 사회를 조성하기 위해서 존중과 연대라는 덕목을 중시하고 있다. 20세기 페미니즘*의 윤리는 남성적인 정의보다 여성성이 구현된 배려care가 더욱 요청된다고 주장하기도 한다.

● **플라톤 (Platon, 427~347 B.C.)**

그리스의 철학자로서 소크라테스 문하에서 수학하였다. 물질적 질료는 인간의 감각에 알려지고, 이데아는 정신에 인식된다고 함으로써 이원론을 개진하였다. 그는 직접 민주주의를 시행하는 아테네가 현자인 소크라테스에게 유죄 판결을 내리는 것을 보고, 중우(衆愚)정치를 넘어서는 이상국가를 제시하였으며, 여기서 중요한 것은 덕(aretē)이라고 판단하였다. 그는 국가의 지도자 계급은 지혜를 가져야 하고, 전사 계급은 용기를 지녀야 하며, 생산자 계급을 포함한 모두는 절제라는 덕을 갖추어야 한다고 여겼다. 그리고 각 집단이 스스로 고유한 기능(ergon)을 탁월하게 발휘함으로써 지혜와 용기, 절제가 어우러지는 상태를 정의라고 여겼다.

● **페미니즘 (feminism)**

남성에 의해 여성 억압이 이루어지는 사유체계와 사회제도를 혁신하려는 사조를 나타낸다. 역사적으로 여러 발전 단계를 거쳤는데, 자유주의 계열은 여성이 남성과 같은 정도의 이성을 지니고 있다고 보아서 남녀평등을 내세웠고, 마르크스주의 계열은 인간의 본질적 속성에 해당하는 협력적 생산에 실천적으로 동참할 때 여성해방이 이루어질 수 있다고 주장하였다. 급진적 계열은 남성의 의식과 사회제도에 깃든 가부장제를 청산할 때 여성해방이 올 수 있다고 주창하였으며, 생태주의 계열은 환경문제를 여성문제와 결속된 것으로 간주하여 함께 풀 것을 밝히고 있다. 특징적으로 노딩스(N. Noddings)는 여성의 윤리를 발전시키면서 남성적인 정의의 윤리보다 여성적인 배려의 윤리가 더 훌륭하다고 주장하였는데, 이 생각은 많은 페미니스트들에 의해 수용되었다.

덕의 종류는 여러 가지이다. 중요한 것은 현실 속의 구체적 상황에 따라 필요하고 알맞은 덕을 균형감 있게 실천할 수 있어야 한다는 것이다. 예컨대 빈곤으로 인해 한 시대의 구성원들이 지치고 힘들어 할 때, 경제를 통해 사회적 생산물을 늘리는 데 기여한 지혜의 지도력은 덕의 실행이다. 또한 독재자의 영구 통치를 위해 소수자의 인권이 무참히 유린되던 야만적 억압의 시대에 사람들, 특히 청년들에게 요구되는 것은 비겁과 만용의 중용에 해당하는 용기일 것이다. 우리 사회는 이렇게 지혜와 용기라는 덕목을 가진 사람늘에 의해 산업화와 민주화를 앞당길 수 있었다. 사회가 진전하는 데는 시대적 상황에 맞는 덕목이 요구되고, 무엇보다도 중용에 따른 균형감도 갖추어야 한다. 다만 지혜와 용기, 정의, 정직, 배려 등이 구현되어야 할 근원적 연유는 모든 사람들로 하여금 각자 자아를 실현하되, 그것이 이웃과 더불어 누리는 아름다운 삶의 모습으로 실행되도록 하는 데 있다. 예컨대 세종대왕이 한글을 창제할 지혜로운 분별력을 갖고서 이를 반대하는 양반계급의 저항에도 불구하고 담대한 용기로 꿋꿋하게 밀고나가 일을 성사시킨 연유는 백성을 사랑하는 자애로움에서 비롯된 것이다. 자애는 윗사람이 아래로 내려보내는 도타운 사랑이다. 이렇게 보면, 모든 덕목들의 왕관은 보편종교가 직시한 바와 같이 인애에게 있다고 해야 할 것이다.

덕과 사회, 정치

한평생 인생을 살면서 누구나 여러 유형의 사람들과 마주치게 되는데, 특별히 덕을 겸비했거나 그렇지 못한 사람과 지식knowledge을 갖추었거나 그렇지 못한 사람들을 보게 된다. 이때 덕과 지식을 함께 겸비한 사람을 만나게 되면 정말로 행운이다. 그런 사람이 사회의 지도자가 되면, 사회 전체가 행복해진다. 세종대왕이 바로 그런 분이셨으니, 오늘의 우리가 그 탄신일을 스승의 날로 삼는 것은 당연지사이다. 덕을 지닌 사람이 모자란 지식을 갖고 있는 경우도 있다. 이런 사람이 사회에 기여를 하기가 쉽지 않지만, 그래도 그를 겪는 타인에게 가끔씩 마음에 감동을 주기도 하고, 때로는 그 지적인 모자람으로 인해 유쾌한 웃음을 가져다주거나 진한 동정심을 유발하기도 한다. 물론 이런 분들이 타인에게 의도적인 피해를 주는 경우는 없다. 1970년대에 TV 시청률 70%를 넘겨서 화제가 된 국민드라마 〈여로〉에 나온 '영구'라는 인물이 전형적일 것이다.

사회에서 가장 문제가 되는 사람의 유형은 덕을 결여했거나, 심하게는 악덕을 지녔을 때이다. 덕을 결여하고 있으면서 무식한 사람은 사회에 적지 않은 피해를 주게 된다. 작은 유형의 온갖 범죄들은 주로 이런 부류의 사람들에 의해 저질러진다. 그런데 정말로 큰 문제가 되는 유형은 덕을 결여하고 있으면서 지식을 가진 자들이다. 특별히 악덕하면서 잔꾀를 잘 부리는 사람들은 간교하게 처신하기 때문에 주변에 크고 작은 피해를 주게 된다. 덕을 결여한 사람이 빼어난 지식을 갖추고 있을 때는 사회에 구조적 피해를 주는 경우가 많으므로 가장 심각하게 주의를 필요로 하는 유형이다. 돈과 권력을 향해 뻗치는 이기적인 손길이 사회제도를 통해 합법을 가장하여 이루어지거나 불법이라도 은밀하게 이루어지기 때문에 쉽게 알아채지 못할 뿐만 아니라, 사태의 결말이 나고서야 판명되므로 그 폐해는 정말로 심각하다.

비록 단순화시키기는 했지만, 언급된 네 가지 유형의 사람들은 사회 어디에서나 존재한다. 물론 이윤창출의 동기가 가장 활발하게 작동되는 경제시장의 지평에서는 덕을 갖춘 사람들도 적지 않지만, 아무래도 덕을 결여한 사람들이 좀 더 활개를 치기가 쉬울 것이다. 자본주의의 시장은 스스로에게 이익이 되는 영리의 추구를 합법적으로 지원하는 체계이기 때문이다. 가장 큰 문제는 부덕한 지식인이나 간교한 꾀쟁이들이 국사를 결정하고 운영하는 정치권이나 관료사회, 특히 권력기관에 진출했을 때 발생하게 된다.

역사적으로 악덕한 정치인이 상대적으로 보수 우파 진영에 많은 것으로 드러났다. "보수는 부정과 부패를 일삼는 것이 문제"라는 일반의 세평에서 그 일단을 확인할 수 있다. 부정이나 부패, 성추행을 저지르거나 또는 자신들의 부당한 행적이 드러날 것을 염려하여 건전한 비판에 재갈을 물리는 행보는 모두 탐욕에 기인한 악덕이거나 또는 절제와 같은 덕목의 부재에서 기인하게 된다.

부덕한 꾀쟁이 정치인은 진보 좌파의 정치 진영에서도 자주 모습을 나타내서 큰일을 그르치기 일쑤다. 예컨대 2012년 4.11총선에서 선전한 통합진보당의 경우, 비례대표 예비후보 선정투표 과정에서 당권파의 조직적 부정이 있었던 것이 선거 이후에야 전면적으로 밝혀지게 되었다. 그런데 사태를 수습하는 과정에서 부도덕한 정치적 행보가 계속 이어짐으로써 진보당에 대한 기대와 위상을 일거에 추락시켰다. 진보당의 당권을 쥐고 있던 민족해방 NL 계열의 경기동부연합 정파가 나름의 통일국가 건설을 위해 제도권 정치를 혁신하겠다고 뛰어든 것까지는 이해할 수 있었는데, 민주주의 절차를 정면으로 위반하고서 이에 비판적인 여론에 대해서도 모르쇠로 일관할 정도로 몰염치의 부덕함을 보여주었다. 설혹 좀 억울한 점이 있다고 하더라도 대다수 국민이 잘못되었다고 지적하면 최소한의 양보를 하는 겸양지덕은 갖고 있어야 하는데, 이를 눈을 씻고 찾아보아도 찾을 수 없었다. 그들은 목표로 삼은 외골수의 진보적 신념이 다른 모든 것을 정당화해줄 것이라는 완전히 빗나간 착각과 더불어 후안무치의 부덕함을 지니고 있음을 만천하에 공개한 꼴이 되었다.

덕이 결여된 행보는 정치권 바깥의 진보 진영에서도 발견된다.

노동자의 권익 향상과 민주화에 기여함으로써 민주노총의 주력이었던 현대자동차 노조의 2011년도 단체협상 사례를 대표적인 것으로 꼽을 수 있다. 현대자동차는 정부의 수출 드라이브 정책과 FTA 등의 체결에 힘입어 2011년도에 자동차 400만 대를 판매하여 매출 77조 원, 영업이익 8조 원을 달성함으로써 전년 대비 매출 16.1%, 영업이익 36.4%를 늘리는 등 역대 최대의 성과를 올렸다. 바로 그해 노조는 사용자 측과 대폭적인 임금인상 등을 요구하는 단체협상을 진행하였다. 지루한 힘겨루기 끝에 노사합의에 이르게 되었다. 그런데 그 결과를 보면, 덕을 결여한 사람들이 보이는 행태가 진보를 표방한 힘센 단체에게도 그대로 반영되어 나타나 있음을 확인하게 된다. 사내 복지를 더욱 강화하고 신입사원 모집 시에 정규직의 자녀 채용을 우선시한다는 조항이 선명하게 들어가 있었지만, 비정규직의 처우 개선을 요구하는 실질적 항목은 찾아볼 수 없었다.

노조가 덕의 조치를 외면하게 되는 순간, 만인의 노동해방과 민주화 주장은 겉치레 명분에 불과하여 자기 집단의 속 좁은 이익을 도모하는 방편이 될 뿐이다. 결과적으로 단체교섭권을 가진 힘 있는 정규직 노동조합이 법률상의 권리를 최대한 이용하여 사용자로부터 얻는 혜택의 대부분을 독식하는 형태가 되었다. 그러면서 동일노동을 제공하면서도 임금의 절반 정도밖에 받지 못하고 있을 뿐만 아니라 고용불안에 시달리고 있는 비정규직에 대해서는 몰염치로 외면해버렸다. 노조가 대의명분을 내세우면서 투쟁할 때 자본가를 향해 비인도적 냉혹함이란 악덕의 굴레를 씌우곤 하는데, 바로 그 부덕함을 그들 스스로도 갖고 있음을 보여준 꼴이다. 가령 현대자동차 노조가 비정규직에 대해 인애의 자세로 다가갔더라면 오히려 칭송을 받았을 것이다.

덕의 실종 따른 비극적 사회

사회에 덕이 실종될 때 그 야수성으로 인한 폐해에 대해서는 두말할 나위가 없다. 경제시장은 사회 구성원이 존엄한 인간으로서 삶을 살 수 있도록 물질적 요건을 충족시켜야 하는 까닭에 효율성을 중시하게 되므로, 구태여 덕을 전면에 내세울 필요가 없을 지도 모른다. 다만 문제는 시장서 작동되는 이윤추구의 동기가 시장을 넘어 다른 사회 영역에도 침투되어 지배적 위세를 떨치게 될 때 나타난다. 더욱 우려스러운 바는 덕을 중시하여 가르치고 체득하도록 하는 가정과 학교, 종교의 영역에서도 돈의 가치와 탐욕이 절대적이 되어가고 있다는 데서 찾을 수 있다. 합리적인 경제적 행위와 그에 따른 재원이 어디에서나 필요하다는 것을 부정하자는 것은 아니다. 공동체주의자 왈쩌M. Walzer*가 잘 지적하고 있듯이, 경제 영역서 작동할 가치가 다른 사회문화적 영역으로 침투하여 그곳의 가치(도덕적 또는 문화적 가치)에 우선할 뿐만 아니라 그것을 결정하는 지배적 형세로 등극하고 있다는 점에서 우려스러운 것이다.

우리나라에서 2007년에 친족을 상대로 한 범죄가 2만1천 건에 달했는데, 폭행 등의 강력범죄가 70%에 이르게 됨으로써 큰 우려를 낳고 있다. 2008년에는 버려진 갓난아기를 데려다가 호적에 입적시키고 대학까지 공부를 시켜서 결혼을 하게 해준 양어머니에게 은혜를 효성으로 갚지는 못할망정 남은 재산마저 상속을 받고자 청부 살해를 지시한 쐐뭔아 양아들 이모 씨(34세)의 사건이 터진 적이 있다. 당시 이씨는 경마와 같은 도박으로 인해 빚을 지었고, 이를 해결하는 방도로써 유산 상속을 조기에 받고자 모친 살해를 저지른 것으로 드러났다. 부모와 자식 간의 인륜과 은공이 경제적 돈의 필요에 의해 압도되는 세태에 이른 것이다.

● **마이클 왈쩌 (Michael Walzer, 1935~)**
프린스턴대와 하버드대에서 정치철학 분야의 교수를 역임했다. 1971년에 하버드대에서 로버트 노직과 공동으로 '자본주의와 사회주의'라는 강좌를 개설하였는데, 노직은 당시 강의 내용을 토대로 자유지상주의를 대표하는 『아나키와 국가, 그리고 유토피아』(1974)라는 저서를 출간하였고 왈쩌 역시 당시 강의 내용을 토대로 『정의의 영역들』(1983)이란 저서를 출간하여 공동체주의라는 새로운 사조를 알리는 데 중요한 기여를 하였다. 당시 두 사람의 정치철학은 극적일 정도로 대조적이었다.

윤리와 덕을 키우는 사회의 중추적 기관에서 오히려 이에 역행하는 일이 빈번하게 벌어지고 있기 때문에 사태는 더욱 비관적이다. 학생에게 지식을 전하고 또 덕을 갖춘 인성을 연마하도록 역할이 설정된 학교에서 빗나간 교육과 비리가 지속되고 있다. 오늘날의 대다수 학교가 인성 교육을 외형적 명분으로 내세울 뿐 실제로는 입시 경쟁에서 승리하도록 재촉하는 경쟁교육으로 일관하고 있다는 점은 누구나 인정하는 바다. 적지 않은 교사가 장학사와 교감, 교장 등 행정 관료로 승진하는 데 주력하여 인성 교육보다는 자신들의 승진 인사고과에 반영되는 학생들의 성적 향상에 목을 매는 형세다. 이런 틈바구니에서 일부 사립학교 이사장과 교장은 돈을 축재하는 수단으로 교육을 악용하기도 한다. 2012년 4월에 서울 모고교 윤교장(72세) 자택에 검찰의 압수수색이 이루어졌는데, 현금 17억 원의 돈다발이 발견되어서 사회를 경악시켰다. 교사 채용 시에 돈을 요구해서 받았고, 학교 시설공사에서 리베이트로 돈을 챙겼으며, 심지어 학생 급식비조차 업체와의 거래 과정에서 중간 착복을 한 것으로 알려져 있다.

권력과 돈이 갖는 마력은 종교기관도 예외로 내버려두지 않고 있다. 일부 대형교회에서 담임목사직이 아버지에서 아들로 세습되는 일이 여러 곳에서 발생했다. 북한의 정권이 김일성에서 자식, 손자로 대물림되는 것을 비판하면서 자신들 역시 교회의 핵심 권한을 자식에게 넘겨주는 불의를 저지르고 있는 것이다. 과거 돈과 권력이 행사되는 조계종의 총무원장 감투를 차지하기 위해 조직폭력배가 동원되어 난투전이 벌어진 적이 여러 차례나 있었다. 그리고 2012년 5월에는 전남 백양사 인근 호텔에서 조계사의 주지를 포함한 승려 여럿이 술을 마시면서 거액의 판돈을 내걸고 도박하는 장면이 동영상으로 촬영되어 유포됨으로써 사회에 크나큰 충격을 안겨준 사건이 발생했다. 승려의 도박 동영상 사건 역시 백양사라는 큰 절의 주지라는 권력을 차지하기 위한 암투의 일환 속에서 폭로된 것으로 관측되고 있다. 본래 권력은 국가나 집단을 운영하는 지위에, 돈은 생산물을 원활하게 돌게 하는 시장이라는 영역에서 민주적이고 합리적이며 건전한 형태로 핵심적 기능의 역할을 해야 한다. 그런데 권력과 돈이 불합리하고 불건전하게 사회 모든 영역으로, 끝내는 가장 도덕적으로 사회를 맑고 건강하게 유지하는 역할을 해야 할 교육과 종교의 영역으로도 파급되기에 이르렀다. 이렇게 되면 막장에 이르게 되고, 결국 사회는 총체적 부실과 반칙, 비리가 넘치는 곳으로 형성된다. 이런 미끄럼을 타지 않도록 하려면, 대전환이 요구된다.

통치와 경영이 요구되는 책임의 자리에 권한과 재원이 필요한 것은 사실이다. 그런데 여기에 부덕이 결합되면 권력과 돈의 사악한 마수에 빠지게 되는 반면, 미덕이 결부되면 아름다운 본연의 길을 가게 될 것이다. 미덕은 도덕이라는 이름 속에 가정과 학교, 종교의 영역으로만 유폐되어 숨을 죽이고 간신히 연명하고 있을 상황이 아니다. 오히려 그것은 사회제도와 정책을 운영하는 정치의 영역으로 나오도록 부활되어야 한다. 공자와 맹자가 정치에 덕을 이식시키려고 했듯이, 탐욕이 만연하고 있는 현존 사회와 정치에 재등장해야 한다. 플라톤과 아리스토텔레스가 덕이 생동하는 국가와 정치를 만들려고 한 바와 같이 덕의 정치가 새로운 유형으로 조성되어야 한다.

덕과 정의, 그리고 공동체주의

　　상고 시대의 우리 민족은 유독 평화를 소중하게 여기는 전통을 갖고 있었다. 중국 은허에서 갑골문이 출토되어 해독되면서 그 신빙성이 회복된 중국의 고대문헌 『산해경山海經』은 동쪽에 군자의 나라가 있음을 전하면서, 동이족은 천성이 유순하고 겸양의 덕을 지니고 있어서 "서로 양보하기를 좋아하지 다투지 않는다互讓不爭"고 전하고 있다. 또한 공자도 『논어論語』에서 자신이 정치적으로 교화하고자 한 노나라에서 도가 행해지지 않음을 애석해하면서, 말년에 동이족이 있는 곳에 가서 살고 싶다고 술회하자, 제자들이 누추한 곳에 가시려는 이유가 무엇이냐고 물었고, 이에 대해 공자는 "군자가 그곳에 거처하고 있는데, 어찌 누추하다고 할 수 있겠는가君子居之, 何陋之有"라고 답변을 한 적이 있다. 우리의 선조는 덕을 구비하고 있어서 군자나라의 백성으로 일컬음을 받았던 것이다.

고대의 중국이 도를 행하고 덕을 구현하는 사회를 지향했는데, 우리 민족도 그에 못하지 아니하였을 뿐만 아니라 오히려 더 하면 더했다. 예컨대 중국의 오륜五倫 사상은 인간으로서 지켜야할 마땅한 도리를 담고 있는데, 후일 삼강三綱으로 집약되고 변화되면서 마침내 종속적이고 수직적인 서열화의 도덕으로 정착되었다. 그래서 신하는 오로지 군주를 의로 섬겨야 하고, 자식은 부모를 효로 모시도록 보이지 않는 유무형의 압박을 받으며, 아내는 남편을 일부종사로 떠받들어야 했다. 반면 홍익인간의 사상은 좀 달랐다.

홍익인간과 덕의 정치

단군신화에 따르면, 하늘에 계신 아버지 신 환인은 아들 신인 환웅이 땅의 세상사에 지대한 관심을 갖고 소망하는 바가 있음을 알아채어 살펴보니, "널리 인간들을 이롭게 할 만하다弘益人間"고 판단되어 그의 자유의사를 존중함으로써 아래로 내려가서 다스리도록 허락하였다. 이에 환웅은 신시神市로 내려와서 바람과 비, 구름을 주관하는 신하인 풍백과 우사, 운사로 하여금 고유의 역할을 하게 하는 등 서로 협력하여 인간의 일을 주관함으로써 "세상에 살면서 정치와 교화를 베풀었다在世理化"고 했다. 그리고 인간이 되게 해달라고 비는 곰과 범에게 시험을 하여 조건을 충족시킨 곰을 인간 웅녀로 변하게 하였고, 또한 아이를 갖게 해달라는 웅녀의 기원에 부응하여 혼인함으로써 아들 단군왕검을 낳았다.

단군신화에서 세 가지 중요한 특징을 찾아낼 수 있다. 첫째, 환웅과 웅녀 등의 자유의사가 존중받고 있다는 점이다. 둘째, 천지인합일天地人合一의 사상으로 표출하고 있듯이 하늘과 땅, 인간의 관계가 유기적 연계를 맺고 있는 것으로 드러나 있다. 셋째, 아버지 신 환인이 아들에게 자애를 베풀고 있고, 군주가 신하와 수평적 역할 분담에 따라 협력적 지도력을 발휘하고 있으며, 지아비 환웅이 아내 웅녀에게 사랑의 배려를 지속적으로 행하였다는 것이다. 이것은 위에서 아래로 명령하듯이 요구하는 삼강 사상의 수직적 서열화와 달리, 자애와 리더십, 사랑을 먼저 베풂으로써 부메랑처럼 효와 충의, 부부애가 순환적으로 생동하게 된다는 것을 드러내고 있다.

단군신화가 가장 상징적으로 보여주고 있듯이 우리의 옛 전통은 공동체의 아름다운 미덕을 간직하고 있었다. 그런데 문제는 현대로 접어들어 서구화 과정에서 우리의 소중한 전통을 잃어버리고 있고, 무엇보다도 개인주의화가 된 미국의 제도를 지나치게 수용함으로써 사회의 온갖 병리적 증후군을 앓고 있다는 데 있다. 이제 자유와 인애의 덕으로 정치를 순화해야 한다.

정의와 정치사상의 원리

이제 덕이 사회제도를 규율하는 정의(正義)와 어떤 관계에 놓이는지 살펴볼 필요가 있다. 오늘날 회자되는 정의는 윤리적 덕목의 하나로서 제도적으로 매우 긴요하다. 일반적인 윤리적 덕목의 경우, 개인이 그것을 실행하지 못할 때 양심적 번민을 하게 된다. 예컨대 자선이 요구되는 시점에 이를 결행하지 못한다면, 마음속으로 부끄러움을 느끼게 된다. 이에 반해 누군가가 부정의를 저지르게 되면, 그것은 다른 누군가에게 직접적인 물리적, 구조적 피해를 주게 된다. 왜냐하면 근대 이후의 정의는 제도와 관련된 것으로 보는 경향이 조성되었기 때문이다.

정의는 사회 구성원 각자가 제한적 이타심을 갖고 있어서 누구나 자신이 더 좋은 것을 더 많이 갖고 싶어 하는데, 사회적 자산은 구성원의 필요를 충족시키기에 부족한 상황에서 작동한다. 정의는 윤리적으로 같은 것을 같게, 다른 것을 다르게 대우하는 것이다. 또한 그것은 사회 구성원 각자에게 그가 받을 응분desert의 몫을 갖도록 하는 것이다. 합리적인 선상에서 차이가 나는 것은 차이가 나도록 해야 하고, 차별 받을 이유가 없을 때는 차별하지 아니하며, 각자가 당연히 받을 몫을 받는 데 대해 누구나 공감을 하는 지평에서 이루어지도록 하는 것이 정의이다.

그렇다면 사회가 제도적으로 고려해야 할 각자의 공정한 몫은 어떻게 구현해야 하는가? 바로 이 대목에서 정치적 사조에 따라 다른 입장으로 갈리게 된다. 자유(지상)주의는 개개인의 자유로운 의사와 선택, 행위, 합의 속에서 자산 취득의 절차가 공정하게 구현된다면, 그것에 대해 정당한 소유권을 가질 수 있다고 주장한다. 타인의 자유로운 취득을 저해하지 않는 선에서 자유롭게 생산물을 취득하면, 그것에 대해 소유할 정당한 권리를 갖는다. 예컨대 널려 있는 황무지를 개간하면 그 땅을 자신의 사유재산으로 등록할 수 있다. 그러나 이런 태도는 아메리카 대륙의 인디언들이 자연에서 생산불을 얻을 때 그것을 사적으로 향유할 수 있어도 그런 산물을 가져다준 대지 자체는 인간과 동식물을 포함한 모든 자연적 존재의 공유물일 뿐이라고 보는 견해와 정면으로 배치된다. 이렇게 보면, 자유(지상)주의는 개인적인 자유의 가치에 초점을 맞추어 정의를 규정하고 있음을 확인할 수 있다.

마르크스주의는 기본적으로 생산수단의 공유화(또는 국유화)를 이룩한 연후에 정의의 제도적 조치를 취할 수 있다고 본다. 1단계의 사회주의 사회에서는 각자가 노동기여를 한 바에 따라 분배를 단행한다. 그리고 사회적 생산물이 풍족하게 구비되는 시기에 이르면, 분배정의의 방식이 바뀌어야 한다고 여긴다. 즉 2단계의 공산주의 사회에서는 인민 각자에게 필요에 따라 분배를 하고자 한다. 집약하자면, 계급 발생의 주된 요인이었던 생산수단을 국가 소유로 하고 소비재를 분배하는데, 평등주의의 가치를 존중하는 정책적 기획에 의거하여 국가가 결과적 개입을 하는 것이다.

존 롤스John Rawls의 평등적 자유주의는 합리적 인간이 광범위한 합의를 볼 수 있다고 판단하여 사회계약을 맺는다고 가정하고, 여기서 각자가 편견을 갖지 않도록 하기 위해서 무지의 베일을 쓰고 임하는데, 단지 제도적 합의를 보았을 때 자신에게 불리하지 않고 이득이 될 수 있는 방안을 찾는 가설적 상황을 설정한다. 이때 두 가지 원칙에 대해 만장일치의 합의를 볼 것이라고 상정하는데, 첫째는 사회에 근간이 되는 기본적 자유는 모두가 균등하게 누릴 수 있어야 한다는 원칙이고, 둘째는 최소 수혜자를 포함하여 모든 사람의 처지를 개선한다는 조건 속에서 차등을 허용한다는 원칙이다. 롤스의 견해는 불평등을 최소화하는 선에서 기본적 자유를 우선시하는 접근을 취한다는 점에서 평등적 자유주의라고 할 수 있다. 좀 더 속을 파고 들어가면, 무지의 베일을 쓰고 계약에 임하는 각각의 자아가 역사나 문화와 같은 구체적 상황에서 유리되어 있다는 것을 전제하기 때문에 추상적인 무연고적 자아로 간주될 수 있고, 이런 점에 비추어 자유주의와 다를 바 없이 개인주의적 사고가 일정하게 깃들어 있다고 할 것이다.

정의와 덕

　정의가 제도적으로 중요한 가치를 띤다는 것은 분명하다. 사회가 정의를 실현하도록 구성원 각자가 정의감에 따른 덕목을 실천해야 할 것이다. 다만 자유주의가 되었든 평등주의가 되었든 정의가 구현된다고 해서 그 사회가 온전히 건강해질 것이라고 말할 수 없다는 점이다. 특히 인애의 가치가 빠진 상황에서는 정의의 의미가 빛바랜 색처럼 퇴색된다는 것에 유념할 필요가 있다.

　부모가 자산을 많이 갖고 있는 한 가족을 생각해보자. 여러 자식들이 경쟁적으로 부모님을 자주 찾아뵙고 문안을 드리며 선물도 때마다 챙겨드린다. 외견상 화목한 가정이고 자녀의 효성도 훌륭한 것으로 비춰진다. 그런데 자식들의 행위 동기를 살펴보면, 부모로부터 보다 많은 유산을 받기 위해 경쟁적으로 행하는 것이라면, 어딘가 뒷맛이 씁쓸함을 감출 수 없다.

　2012년 봄에 삼성가의 고 이병철 회장 유산상속과 관련해서 벌어진 분쟁이 여론에 환기된 적이 있다. 유산으로 남겨진 삼성전자 주식의 일부가 이건희 회장(70세)에 의해 감춰진 형태로 독점되었다는 것이 소송 제기의 사유였다. 유산을 나눠받을 응분의 자격이 있다고 여기는 장남 이맹희 씨(81세)와 차녀 이숙희 씨(77세)가 법적으로 정당하게 받을 몫을 받겠다고 상속재산 반환청구 소송을 진행하였다. 사태가 의도하지 않은 방향으로 흐르게 되자, 이건희 회장은 이맹희 씨에게 형이라고 호칭하지 않고 '그 양반'이라고 부르면서, "자기 입으로는 장손이라지만 나를 포함해 (집안에서) 누구도 그를 장손으로 생각하는 사람이 없다"면서 "그 양반이 제사를 지내는 꼴을 못 봤다"고 힐난했다. 그러면서 "맹희 씨는 감히 나에게 건희, 건희할 상대가 안 된다. 내 얼굴을 못 쳐다보던 양반이다"고 덧붙였다. 또한 누나에게도 삼성전자와 경쟁하는 업종의 재벌그룹으로 시집을 가고부터 "우리 집에 와서 떼를 쓰고, 영 보통 정신으로 떠드는 정도가 아니었다"고 지적했다. 뿐만 아니라 법정서 시시비비를 가리고, 안 되면 헌법소원을 해서라도 끝까지 가겠다고 결연한 의지를 표명하였다. 이에 대해 이맹희 씨는 "건희는 늘 자기 탐욕만 챙겼고 형제 간 불화를 가중시켜 왔다"고 독설을 퍼부었고, 이숙희 씨는 "이 회장의 수준 이하 발언은 명색이 형과 누나인 우리에 대한 막말"이라고 언성을 높였다.

삼성그룹이 우리 사회의 경제를 추동하는 데 많은 기여를 한 것은 사실이다. 해외에서 대한민국의 인지도를 높이는 데도 매우 중요한 역할을 했다. 특히 삼성전자를 일으킨 이건희 회장이 미래 경제의 흐름을 예측하고 방향을 잘 잡아 기업과 국부를 키운 데 대해서도 인정할 것은 인정해야 한다고 본다. 그런데 그런 것을 홀로 일으킨 것이 아니라, 정부와 국민의 지원 속에서 이룬 것인 만큼 상응하는 정도로 사회에 더욱 많은 기여를 했어야 했는데, 그렇게 하지 않았다. 오직 자신과 자기 기업을 물려받을 아들에게만 신경을 썼을 뿐이다. 이런 배타적 태도는 기업경영에서 성공을 거둘지 몰라도, 사람 사는 세상을 밝게 하는 데 보탬이 되지 않는다.

삼성가 형제 간의 유산상속을 둘러싼 최근의 분쟁은 이를 보는 국민들에게 적지 않은 실망감을 가져다주었다. 형제 사이의 다툼을 법에 호소하였는데, 향후 전개될 법정에서 그 시비가 가려져서 정의의 판결에 따라 유산상속을 매듭짓게 될 것이다. 우리 주변에서 일반 사람들에 의해서도 유사한 사건들이 비일비재하게 벌어지고 있다. 그런데 한 번 생각을 해보자. 법과 정의에 호소해서 그에 따르면 다 되는 것인가? 우리가 정말로 매우 소중한 것을 잃어버리고 있는 것은 아닌가? 우리가 잃은 것은 형제 간의 우애友愛이다. 법과 제도에 호소해서 정의를 실현할 수 있을지 몰라도 사람이 사람답게 사는 데 필수적인 우애와 사랑은 잃게 될 것이다.

상황을 달리 설정해보자. 과거 흑백TV를 보던 시절에 농심라면 광고가 실린 적이 있다. 라면 한 그릇일지 몰라도 "형님 먼저, 아우 먼저"라는 콘셉트였다. 동일한 콘셉트로 부모 자산을 둘러싼 형제 간의 유산 분배에 적용해보자. 동생은 형님에게 "장남이니까 보다 많은 재산을 받아야 한다"고 말하고, 형님은 동생에게 "재주가 많은 사람이어서 소요되는 재원도 많이 필요할 뿐만 아니라 사회에 기여할 몫도 크기 때문에 많은 재산을 받아야 한다"고 권고한다고 해보자. 이렇게 우애가 넘치는 가정은 정말로 행복한 곳이다.

덕과 공동체주의

사람들이 서로 모여 살면서 훈훈한 정리를 느끼도록 하는 미덕은 개인주의적 자유주의 사회에서 구조적으로 실종될 수밖에 없는 반면, 공동체주의communitarianism에서는 커지게 된다. 공동체주의는 공동체에게 좋은 것, 즉 공동선을 목표로 추구한다. 세상에 나타난 어떤 사람도 갑작스레 땅에서 솟아난 상태로 출현하는 무연고적 자아가 아니다. 사람이면 누구나 어느 집안의 어떤 부모 속에서 태어나 그 사회에서 통용되는 언어를 습득하여 구사하면서 그것에 배인 문화를 공유하는 가운데 커가는 사회의 맥락적 존재이다. 각 사람은 역사적 관계성의 그물과 문화적 유기성의 망에 속한 그물코로 성장하는 연계적 자아의 존재이다. 이때 악덕을 가진 사람들이 날로 늘어나게 되면, 썩어가는 그물코가 많아지면서 그물 자체가 망가져서 쓸 수 없게 될 것이다. 마치 암 세포가 갈수록 번식하는 것과 같은 형세가 되어 사망 판정을 받게 되는 것과 같은 이치일 것이다. 반면 미덕을 갖춘 사람들이 갈수록 많아져서 이웃에게도 바람직한 영향을 끼치면 끼칠수록 그런 그물코로 엮어진 그물은 매우 튼실해서 지속 가능한 공동체로 유지될 것이다. 공동선은 생명의 원천인 자연에 의지하는 인간의 문화가 규범적 건전성을 갖고 미래로도 끊임없이 지속될 수 있도록 그물로서의 공동체에게 좋으면서 그물코에게도 널리 이로운 가치이다. 홍익인간의 이념이 바로 이것이다. 사회 구성원 각자의 자율적 미덕 함양과 공동선의 구현은 함께 성취되어야 할 바의 것이다.

공동체주의는 정의를 제도적으로 요청한다. 그러나 그것이 사회 구성원 사이에 오고갈 다른 모든 미덕에 우선한다고 볼 수 없다. 형제 간 우애와 법적 정의의 사례에서 보듯이, 제도적 정의가 우선하면 자칫 더 소중한 미덕이 깨질 수 있다. 오히려 인애와 같은 미덕이 앞서면 정의를 거론할 필요조차 없게 된다. 물론 인간에게는 사심에 따른 행위도 자주 나타나기 때문에 이를 제도적으로 제어할 규범적 정의의 조치가 필요한 것도 분명하다. 이렇게 보면 정의는 치유적 덕목remedial virtue일 뿐인 반면, 사랑과 우애, 정직은 본원적 덕목이다.

여기서 필자가 강조하고자 하는 바는 본원적 미덕을 도덕 교과서 속에 유폐시킨 상태로 방치할 것이 아니라, 정의처럼 사회 제도로 구현이 가능한 데까지 밝게 드러내어 실현토록 하는 적극적 자세가 필요하다는 것이다. 미덕이 형식적 칭송에 그칠 때 사회가 정치적 어둠의 세력에게 넘어가서 피폐해지기 때문에, 공동선을 구현하고 미덕이 사회 구성원 사이에서 날로 커갈 수 있도록 지원하는 제도를 갖추는 인애의 정치가 이룩되어야 한다. 따라서 이제 본격적으로 우리 사회는 과거 아름다웠던 조상의 공동체주의 전통을 정치적으로 부활시켜야 한다.

인애의 정치와 자유적 공동체주의

 우리 사회가 경제적으로 선진국의 문턱에 이르렀는데, 속살로 들여다본 사회 자체는 아직 선진화가 되지 않았다고 판단된다. 일부 칼럼니스트나 식자층들은 유럽 선진국의 시민들이 보이는 성숙한 행동에 대해 찬사를 보내면서 우리에게도 그런 자세가 필요하다고 강조하는 경우를 자주 접할 수 있다. 현상적으로만 보면 선진국 시민의 덕스러운 행위를 바로 좇아서 실천할 수 있을 것으로 여겨진다. 그러나 성숙한 태도가 갑작스럽게 표출되는 것이 아니라, 오래된 지적 전통 속에서 몸에 배인 형태로 드러나는 것이다. 정신사적으로 의식에 젖어들었고 제도적으로 그 일부가 뿌리를 내린 바 있는데, 한마디로 공동체주의 문화의 소산이다.

 공동체주의가 선진화와 접목되어 형성된 좋은 문화적 습속과 제도를 함께 받아들일 필요가 있다. 다만 우리 사회가 악덕이 판을 치는 제도를 유지하고 있는 상태에서 또는 미덕이 뿌리내리도록 하는 제도적 방안을 강구하지 않은 상태에서, 선진적 시민들의 좋은 풍속을 예찬해보았자 그림의 떡일 뿐이다. 좋은 것을 의식적 차원에서 수용토록 준비할 뿐만 아니라 그것을 제도적으로 뒷받침을 할 여건까지 마련해야 뿌리를 내릴 수 있다.

　신라 말기의 사상가 최치원*은 『난랑비서』에서 우리 민족에게는 '풍류風流'라는 고유의 전통사상이 있고, 그 안에 유불도 삼교의 근원적 사상을 포함하는 현묘한 도가 간직되어 있어서 공자의 충효와 노자의 자연스러운 도, 석가모니의 자비 사상을 포용하여 우리의 것으로 다듬어 낼 수 있었다고 밝힌 바 있다. 마찬가지로 우리 민족은 아름다운 공동체적 전통을 이미 간직하고 있기 때문에, 선진화된 서구의 협력적 미덕의 문화를 어렵지 않게 수용하는 것이 가능할 것이다.

● **최치원 (崔致遠, 857~?)**

신라 시대에 태어났다. 어려서부터 학문에 뛰어난 재능이 있어서 12세에 당나라 유학길에 올랐고, 18세에 과거에 급제하였다. 23세 때에 황소의 난이 일어나자, 토황소격문(討黃巢檄文)이라는 명문장을 지어 세상에 문필을 떨쳤다. 29세에 귀국하여 관료로서 시무책 십여조를 올려 국정을 바로잡고자 했으나, 군주의 거듭된 실정으로 정치가 혼란해지면서 면직되었다. 자연에 은거하면서 주옥같은 고유의 사상을 펼쳤고, 합천 해인사에서 여생을 마쳤다.

다만 공동체주의를 새롭게 복원할 때 정말로 유념해야 할 것이 있음을 통렬히 인식해야 한다. 그것은 자칫하면 전체주의totalitarianism로 미끄럼을 탐으로써 개인의 자유를 유린하고 또 소수자의 정당한 권리를 침해할 수 있다는 점이다. 전체주의는 개인이 전체라는 사회의 일부를 이룰 뿐이고 전체가 없으면 개인도 존재 의미를 갖지 못한다고 보기 때문에, 개인보다 전체를 우선시한다. 이때 사회 전체의 공동 이익을 추구한다는 명분을 내세워서 비일비재하게 개인이나 소수자 집단의 자유와 권리를 침해하는 것을 불가피한 것으로 보는 과오를 범할 수 있다.

관계적 전체론과 통일적 전체론

왜 전체주의의 오류에 빠지게 되는지에 대해 식별해보자. 이것을 하고자 함은, 한편으로 위험을 분별하고, 또 다른 한편으로 위험한 덫에 빠지지 않으면서 올바른 길을 모색하는 데 필수적이라고 판단하기 때문이다. 필자는 방법론으로서의 전체론을 둘로 분별하고자 한다. 하나를 '관계적 전체론relational holism'이라 부르겠는데, 이것은 전체가 그 구성 부분들의 내적 관계로 이루어져 있다고 보는 견해이다. 이 관점은 전체를 구성하는 부분들의 특성을 존중하면서, 그것들 사이의 유기적 연계성도 함께 중시한다. 관계적 전체론으로 지구를 조망하면, 지구는 개체 생명체가 살아가는 생명의 장field of life이다. 마찬가지 관점에서 사회를 보는 것이 가능하고, 필자는 이것에 의한 자유적 공동체주의를 최선이라고 주장하고자 한다.

다른 하나를 '통일적 전체론unified holism'이라 명명하겠다. 이것은 전체가 개체들의 내적 관계로 이루어져 있을 뿐만 아니라, 그 자체가 통일된 하나의 실체이며, 그것이야말로 가장 온전한 것이라고 본다. 이 관점에서 지구를 보면, 지구는 개별 생명체를 품고 있으면서 그 자체로서 생명체로 완성된 통일된 실체, 즉 초거대 유기체super organism이다. 제임스 러브룩*이 제시한 지구 가이아Gaia 가설이 그런 사례에 해당한다. 마찬가지로 통일적 전체론으로 사회를 보면, 국가 자체가 개인보다 우선하는 근원적인 실체

● **제임스 러브룩 (James E. Lovelock, 1919~)**

영국 태생으로서 런던 왕립학회 회원이다. 그는 대기화학을 전공한 과학자로서 1960년대에 미국 우주항공국(NASA)이 화성의 생물을 찾는 탐사를 시작할 때 관련 연구 프로젝트에 참여하였으며, 이때 얻은 통찰을 토대로 가이아 가설을 발표하였다. 그는 지구상의 생명체가 대기 등의 무생명계와 상호작용을 하는 가운데 지구를 생명체가 살기 좋도록 만들었다는 것을 근거로 지구 자체가 살아 있는 생명 실체, 곧 가이아라고 주장하였다. 가이아는 그리스 신화에 나오는 대지의 여신인데, 지구가 생명체라는 것을 드러내기 위해 신화 속의 개념을 차용하였다.

그는 인간이 방사성 물질을 내뿜더라도, 먼 훗날 방사성을 먹이로 삼는 생명체를 탄생시킬 것이기 때문에 그것이 지구의 안위를 위협하지 못할 것이라고 보았다. 이런 까닭에 가이아 이론은 인간의 관점이 아니라, 지구의 관점에서 진행되는 바를 인간의 표현을 빌려 다가간 것이다.

이다. 개인은 국가를 구성하는 성원의 하나로서 국가가 나아갈 길에 보탬이 되어야 하고, 불가피할 경우 국가를 위해 희생이 되더라도 어쩔 수 없다고 여긴다. 왜냐하면 개인이 아니라 국가가 가장 온전한 사회적 실체이기 때문이다.

통일적 전체론의 방법으로 공동체주의에 다가가면, 곧바로 전체주의로 이행하게 된다. 이런 경우 전체로서의 국가를 우선시함으로써 개인이나 소수 집단이 국가를 위해 그 자유와 권리가 침해당하더라도 그것을 불가피한 것으로 파악하게 된다. 예컨대 마음의 양식과 지혜를 구하기 위해 양서를 열심히 읽는다고 가정하자. 때때로 눈의 피로를 느끼게 될 것인데, 이때 우리는 전체로서 나(영혼)에게 좋은 것을 위해 그 일부를 이루는 눈의 피로를 당연히 감내해야 할 것으로 여기게 된다. 마찬가지로 전체로서 국가를 위해 그 일부를 이루는 개인의 희생을 불가피한 것으로 간주하게 된다.

우리는 마음의 양식을 얻기 위해 독서에 따른 눈의 피로를 다소 감내할 수 있어도, 국가를 위해 개인의 희생을 부당한 대가로 치루는 사태를 허용할 수 없다. 국가를 개인에 우선하면서 그것만을 온전한 실체로 보는 견해에서 벗어나야 한다. 통일적 전체론으로 사회를 조망하는 시각을 물리쳐야 한다. 그렇다면 이것은 개체론의 방법으로 사회를 보는 개인주의로, 그리고 그것과 단짝을 이루는 개인주의적 자유주의로 옮겨가야 함을 뜻하는

가? 앞서 누누이 살펴본 바와 같이 개인주의적 자유주의는 인간을 무연고적 자아로 둔갑시켜 역사와 사회문화의 맥락으로부터 유리된 존재로 내몰게 되고, 그에 따라 사회를 미덕이 실종된 야수적 경쟁의 터전으로 만들게 된다.

중용과 자유적 공동체주의

개인주의적 자유주의와 전체주의라는 양 극단에서 중용의 결단을 내리는 것이 필연적이다. 비겁과 만용의 사이에서 중용의 식견에 의해 용기를 내야 하는 것과 마찬가지이다. 원효의 화쟁 사상에 의해 사회를 보는 최선의 방안을 찾아야 할 적기에 이르렀다. 이것이 자유주의적 공동체주의의 지평이다. 간략히 자유적 공동체주의라고 부르겠다. 자유적 공동체주의는 관계적 전체론의 방법으로 사회를 볼 때 펼쳐지는 지평이다. 관계적 전체론은, 한편으로 전체를 이루는 부분들의 유기적 연계성을 중시하기 때문에 개체론과 다르고, 다른 한편으로 구성 부분들의 고유성을 중시하기 때문에 부분을 전체에 종속시킴으로써 부분들의 고유성을 사장시키는 통일적 전체론과 구별된다. 마찬가지로 자유적 공동체주의는 인간을 역사성과 사회문화적 연계성을 띤 맥락적 존재로 보기 때문에 개인적 자유주의와 다르고, 인간 개인이 지니는 고유의 자율성을 중시하기 때문에 전체를 위해 개인의 권리를 침해하는 전체주의와 다르다.

혹자는 자유주의와 공동체주의 (또는 평등적 사회주의) 어느 한 편에 서는 것이 선명하고, 그럴 경우에 일관된 정치철학에 의거하여 정책도 확연하게 구분될 수 있지 않느냐고 반문할 수 있다. 언뜻 듣기에 틀리지 않은 것으로 보인다. 그러나 인간이란 존재가 지닌 복합성을 생각해본다면, 선명한 이분법적 사유의 한 편에 서는 것이 바른 것은 아니다. 생각해보라! 인간은 전적으로 문화적 존재인가 아니면 자연적 존재인가? 인간을 자연과 유리된 문화적 존재로 조망하면, 이런 문화 속 인류는 환경위기라는 자연의 역습으로 인해 지속 불가능한 사태를 맞이하게 될 것이다. 그러나 환경재난이 닥치고 있으므로 문화를 해체하고 자연으로 돌아가자고 주장할 수도 있을 터인데, 그런 경우 인간은 야생의 동물처럼 자연적 존재가 될 것이지만, 그것은 존엄한 인간으로서 문화적 생존이 불가능한 지경에 이를 것이다. 인간은 정신적 존재로서 문화적 삶이 불가피하지만, 또한 자연의 생명부양 체계에 그 생명을 의지하기 때문에 자연적 존재이다.

현대인은 자연과 분리된 문화인이어서도 안 되고 문화를 저버린 자연인이어서도 안 되며, 오직 문화적 자연인일 뿐이다. 이와 마찬가지로 인간이 추구해야 할 가장 바른 사회적 이상은 양극단 속에서 중용을 취하며 설정할 자유(주의)적 공동체주의이다. 인간은 자유로운 영혼을 가진 존재이지만, 또한 사회와 역사의 맥락 속에서 태어난 언어를 익히며 그 안에 깃든 문화로 스스로의 정체성을 형성하는 존재이다. 명백한 이 진실을 어찌 부인하겠는가? 그런데 사람들은 이 진실을 제대로 알지 못한 채 이분법의 유산으로 물려받은 자유주의와 평등주의 하나만을 극구 내세우는 우를 범해왔다고 판단된다.

생명애호심과 인애의 가치

인간이 문화적 자연인으로서 공동체를 슬기롭게 구현할 때 그런 사회는 생태적으로 지속 가능하다. 자연에 군림하는 문화는 지속 가능하지 못하고, 문화를 해체한 인간은 존엄한 생존이 불가능하다. 문화적 자연인의 삶이 관건인데, 그것은 양 극단에서 중용의 생태사회를 구축하는 것에서 찾을 수밖에 없다. 이때 생태사회를 지향하는 인간이 자연에 대해 취해야 할 유덕한 자세는 무엇일까? 사람이 자연에서 입는 온갖 혜택에 비추어 볼 때, 자연 사랑으로 접근할 것이 요구된다. 인류가 자연을 생명의 원천으로 간주하여 생명애호심biophilia의 태도로 다가가는 것이 가장 근원적이고 바람직하다. 문화적 자연인이 자연을 생명애호심으로 대해야 한다면, 자유적 공동체주의의 사회적 지평에서 인간은 동료인 사회 구성원에게 어떤 태도로 대해야 할까? 역시 사랑이다. 인애의 가치는 가능한 범위 안에서 제도와 정책으로도 용해가 되어야 한다.

프랑스대혁명과 정치, 그리고 박애

1789년에 일어난 프랑스대혁명의 횃불은 자유와 평등, 박애 fraternity로 집약되는 구호 속에 등장했다. 그런데 19세기 이후 정치적으로 우파는 자유의 가치를 내세웠고, 좌파는 평등의 가치를 핵심적 아이콘으로 천명했다. 그런데 우파는 자유주의 정치사상을 경제적 자본주의와 연동시킴으로써 사회 구성원 사이의 유대감을 절단시키는 결과를 초래했고, 좌파는 공산당의 독재 속에 평등적 무계급 사회를 추구하면서 개인의 자유를 철저히 유린해 버렸다. 그리고 이 과정에서 양 진영은 가장 고귀한 가치인 박애를 외면하거나 불구로 전락시켰다.

서양의 박애는 성서의 으뜸 원리인 사랑love이 사회적으로 구현되는 방식이었다. 그것은 유학에서의 인이나 불교에서의 자비와 흡사한 덕목이다. 이렇게 보면, 세계의 보편종교가 가장 중시하는 덕목을 근현대사의 정치는 외면하고 있었던 셈이다. 결국 인애의 사회적 유대감이 실종되고 있음은 물론 서로에 대한 배려와 존중, 양보의 미덕도 갈수록 옅어지게 되면서 그 자리에 이기심과 시기, 질투, 무한 경쟁이 만연되고 있다. 사회가 물질적으로 풍요를 향해 치닫고 있지만 이기심의 확산으로 인한 경쟁과 부패가 사회를 병들게 만들고 있는 것이다. 따라서 이제부터라도 정치는 인애의 자세로 서로를 대함으로써 제도적으로 공동선을 구현할 수 있도록 하는 제3범주의 정치물결을 조성해야 한다.

인애의 3차원 정치

제3정치의 시각으로 조망하면, 사회는 좌나 우로 치우치지 않고 정도正道로 나아가야 한다. 이를 위해서는 정치적 중용이 필요하다. 중용中庸은 양 극단의 한쪽으로 치우치지 않는 알맞은 상태와 과정을 뜻한다. 중용의 자유적 공동체주의 정치는 3차원적이어서 2차원적인 중도中道의 정치와 다른 것으로 분별해야 한다.

서양의 제1정치가 자유주의의 가치를 기치로 내세웠고, 제2정치가 평등적 사회주의의 가치를 핵심적 기치로 내걸었다면, 중도의 정치는 좌와 우 사이의 스펙트럼에 위치한 것일 뿐이다. 중도의 정치는 자유주의와 평등주의 사이에 머물렀다. 필자는 이런 중도의 정치(중도 우와, 중도 좌를 포함)를 2차원 정치로 규정하겠다. 그것이 2차원인 까닭은 자유와 평등이라는 두 정치적 가치의 배합으로 이루어져 있기 때문이다.

필자가 주창하는 새로운 정치는 좌와 우, 평등과 자유라는 두 개의 가치로 규정되는 2차원의 정치가 아니다. 자유와 평등의 가치가 제도적으로 안착할 수 있도록 본원적 역할을 하는 새로운 범주의 가치로서 인애(사랑과 인, 자비)를 새롭게 내세워야 한다. 정치적 지평에서 미덕이 좌와 우에 함께 작동되도록, 그 상징성을 띤 인애가 요청된다. 박애라고 표현해도 무방하지만 동아시아의 맥락에서는 인애가 보나 석설하다고 여겨진다. 인애는 이웃사랑의 열정을 간직하고 있는 탓에 마음이 깃든 심장으로 표현할 수 있고, 또 자유와 평등의 중심을 잡는다는 의미에서 머리로 비유될 수 있다. 따라서 인애의 가치가 중심적 머리의 역할을 하는 가운데 그 양 날개로서 좌와 우에 각각 배치된 평등과 자유의 가치를 조화롭게 조율하는 정치가 요청된다. 한마디로 인애의 정치다. 이 지평은 자유와 평등, 인애라는 세 가지 범주의 가치가 조화를 이루는 상태이기 때문에 이를 일러 3차원 정치 three-dimensional politics라고 하겠다. 이것은 제1정치나 제2정치, 그리고 중도정치와도 다르기 때문에 제3범주의 정치라고 할 수 있다.

인애의 3차원 정치는 이웃사랑이 깃든 연계적 자아relational self의 정치이다. 그것은 각 개인이 자신의 자아를 고유하게 피어날 수 있도록 존중하기 때문에 자유주의적 계기를 가지며 또한 사회 구성원 누구나 역사문화적 맥락에서 서로 협력하는 삶을 살 수 있도록 조성하기 때문에 공동체주의적 계기를 갖는다. 이때 인애의 미덕은 공동체 안에서 인간으로서 최소한의 존엄을 누릴 수 있도록 배려하기 때문에 평등주의적 계기를 포함한다. 따라서 사랑이 깃든 연계적 자아의 정치는 인애의 자유적 공동체주의liberal communitarianism 정치인 것이다. 이런 정치적 지평에서 인애의 미덕은 자유와 평등의 가치를 화해시킴으로써 세상을 살 만한 곳으로 만들어 내게 될 것이다. 우리가 실현해야 할 세상이고, 우리가 펼쳐야 할 정치이다.

제3정치
콘서트

인애와 공동선,
그리고 경제정책

'7

he Third Politics Concert

인애와 자유적 공동체주의

동양에서 고전의 하나로 간주되는 『노자』*에 '반자도지동反者道
之動'이란 말이 있다. 이것은 되돌아 나오는 것이 도의 움직임이라
는 뜻이다. 인간은 자연에 의지하여 물리적 생존을 도모한다는
점에서 자연적 존재이지만 또한 이성을 지니고 있는 탓에 자신의
생존에 적합하도록 자연에 문화를 구축하는 정신적 삶을 영위
한다. 즉 인간은 문화적 자연인이다. 그런데 인간이 본래 완전한
존재가 아닌 연유로 자연적 지평과 문화적 지평에서 균형잡기를
제대로 못해냄으로써 한쪽으로 쏠리게 되어 화를 입게 되고, 이
에 따라 중용의 지점을 향하여 되돌아 나오게 되는 것이 세상사
의 이치이다. 인간은 늘 지향하던 정도를 넘어섰다가 되돌아 나
오기를 반복하게 된다.

인간의 문화가 자연의 흐름에서 현저히 벗어날 정도로 인위적 성격을 강화하다가 이로써 큰 화를 입게 되면, 자연의 이치에 부응하는 방향으로 되돌아 나오게 된다. 또한 자연을 향해 접근하던 문화가 다시 인간적 욕망과 사회적 필요의 결핍을 절실하게 느끼게 되는 순간 또 다시 되돌아 나오면서 문화적 충동에 박차를 가하게 된다. 이렇게 반복되는 것이 도의 움직임이다.

다만 동양의 문화에서 이루어지는 도道의 궤적은 직선형이 아니라 나선형이라는 것에 유념할 필요가 있다. 직선형이라면 제자리를 왔다 갔다 하기를 반복하는 것에 불과할 터이지만, 나선형인 까닭에 상승적 선회를 그리게 된다. 상승을 가능하게 하는 것은 인간의 이성적 지식과 영성적 깨달음 때문일 것이다. 결국

● **노자 (老子)**

춘추시대에 활약했던 공자와 거의 비슷한 시기의 인물인 노담(老聃)을 노자로 간주하는 견해가 있다. 그러나 『도덕경(道德經)』으로도 불리는 책 『노자』는 후대에 여러 사람을 거쳐 편집된 것으로 보는 것이 정설이다. 이후에 등장한 『장자(莊子)』와 더불어 노장사상을 형성하게 되고, 이것은 도교의 형성에 일부 영향을 끼쳤다.

노자는 만물인 유(有)가 무(無)에서 태어났는데, 무가 곧 도(道)라고 보았다. 따라서 천지만물은 도에서 생성된 것이다. 노자는 대표적으로 무위(無爲)의 사상을 제시하고 있는데, 무위란 행위하지 않음이 아니라 자연의 이치에 부합하는 행위를 뜻한다. 그래서 "도는 항상 무위로서 이루지 못하는 일이 없다(道常無爲而無不爲)"고 보았다. 다만 노자는 무위를 유위(有爲), 즉 인위적 행위와 대비시키는데, 그 기준이 지나치게 엄격하다고 할 수 있다. 그래서 지혜(智)를 끊어야 백성이 이롭게 되고, 인의(仁義)를 배척하여야 백성이 효성스럽게 된다고 여겼다. 바로 이 대목에서 노장사상은 확연하게 유학사상과 구분된다고 할 수 있다.

본래적 도의 움직임 자체는 반복적인 것으로 비춰지지만, 그 도가 실현되는 사태는 항상 새로운 것일 수밖에 없다.

반자도지동과 자유주의적 공동체주의

반자도지동의 이치는 인간의 문화와 자연 사이에만 벌어지는 것이 아니라 문화 안에서도 작동된다. 인간은 한편으로 개체로서 존재하지만, 또 다른 한편으로 공동체의 구성원으로 살아간다. 즉 나는 연계적 자아relational self이다. 내가 자아이기 때문에 그 고유성을 구현하는 자유에 대한 열망을 갖고 있다. 그러면서 나는 내 부모로부터 태어나서 형제와 서로 부대끼며 가정의 훈육을 받고, 공동체의 언어 생활권에 편입되어 그 역사와 문화를 체득하면서 성장하는 공동체 연계적 존재이다.

인간은 사회를 형성할 정도의 분별적 지혜를 갖고 있지만 여전히 불완전성에서 벗어나지 못한 존재이다. 각 개인은 나름의 자유를 추구하며 각자 고유한 자기만의 성城을 구축하고자 달음질을 치기 쉽다. 그 극단에 이르게 되면 무연고적 자아의 수렁에 빠지게 된다. 자유(지상)주의 사조가 이것을 추동하게 된다. 결국 각자의 자율적 행보가 너무 지나쳐서 공동체로부터의 이탈 정도가 심한 지경에 이르게 되면, 스스로 극복하기 어려울 정도의 고립과 외로움, 소외로 인해 절망에 빠지고, 그런 부류의 인간을 양산하는 개인주의적 자유주의의 사회는 각종 병리적 증후군으로 위태로운 지경에 이를 것이다. 여기서 되돌아 나오는 것이 정석이다.

가던 길을 바꾸어서 공동체적 일체감을 조성하는 원점을 향해 되돌아가는데, 이 선상에서 잃어버렸던 사회적 유대감을 느끼면서 메말랐던 인정을 회복하게 된다. 더불어 살아가는 삶의 기쁨을 향유할 수 있게 된다. 그러나 되돌아가는데 그것이 너무 지나친 지경에 이를 수 있다. 공동체의 획일화만 있는 원점에 바짝 밀착하게 된 것이다. 이 지점의 나는 자아 없는 공동체의 성원이 되고 만다. 이웃과 함께하지만, 정작 나의 개성과 고유성, 자율성은 상실된 상태이다. 이때 국가 권력이 전체를 위한 조치를 강력하게 추진하게 되면, 집단적 전체주의의 폐해에 빠지게 된다. 결국 이곳에서 또 다시 되돌아 나오지 않을 수 없다. 지나치면 되돌아 나오는 것이 도의 자연스러운 움직임이다.

우리는 각자에게 반문할 수 있다. 우리가 어떤 삶의 길을 가야 하는지? 나는 역사문화성을 결여한 자아, 즉 무연고적 자아인가? 아니면 자아가 없는 공동체적 존재인가? 우리가 지향해야 할 곳은 양 극단의 어느 쪽도 아니다. 공동체주의자 에치오니가 언급한 바와 같이, 자유의 원심력은 바깥을 향해 추동하는 까닭에 우리를 무연고적 자아로 내몰 수 있는 반면, 공동체적 구심력은 원점으로 회귀토록 이끌기 때문에 우리를 자아 없는 공동체의 성원으로 만들 수 있다. 우리가 가야 할 정도는 양 극단의 중용에 해당하는 지평이다. 반자도지동의 지혜는 우리에게 자유(주의)적 공동체주의liberal communitarianism의 지평으로 안내할 것이다.

연계적 자아의 정치

인간은 연계적 자아의 존재라는 사실이 자명함에도 불구하고 현실에서는 이를 망각하기 일쑤다. 그 이유는 인간에게 이기심이 있고 이것을 추동하는 제도가 받쳐줄 때 욕망의 주체인 자아만

● **아미타이 에치오니 (Amitai Etzioni, 1929~)**

독일서 태어났지만 나치가 집권하자 불과 4살의 나이에 그곳을 떠나 이스라엘로 옮겼고, 예루살렘의 히브류대에서 수학하였다. 이후 미국으로 유학을 떠나 UC버클리대에서 사회학박사를 받은 이후 컬럼비아대학에서 오랫동안 사회학교수로 봉직하다가, 조지워싱턴대학으로 옮겨서 공동체주의정책연구소(Institute for Communitarian Policy Studies) 소장을 맡음으로써 미국서 공동체주의 운동이 전개되는 데 핵심적 역할을 수행하였다. 그는 1990년대 이후 공동체주의와 관련된 다수의 명저를 출간하였는데, 기본적으로 좋은 사회(good society)를 만드는 데 주안점을 두었다. 특히 그는 사회가 개인에게 자율성을 보장할 수 있도록 노력해야 하듯이 개인 역시 사회의 건강한 질서를 보호하기 위해 상응하는 책임을 짊어져야 함을 역설함으로써 개인의 권리와 사회질서 사이에 균형을 잡도록 하는 데 많은 연구를 할애하였다.

도드라지기 쉽기 때문이다. 도덕의 제어력이 떨어지는 세속적 사회일수록 심하다. 이에 개개인 사이의 연계성을 강화하는 제도적 접근이 필요하고, 이런 연유로 연계적 자아의 정치가 이룩되어야 한다.

평등의 가치는 사람들 서로간의 관계를 반영하는 것이기 때문에 이것을 제도로서 구현하려는 시도는 연계적 자아 정치의 소산이다. 사회 구성원 누구나 인종이나 성별, 출신 성분에 관계없이 평등하다는 것은 관계적 이해이고, 이것은 자유주의 사조도 승인하는 바이다. 다만 형식적 평등에 머물 경우에, 사회는 여전히 야수적이어서 실질적 불평등으로 이행하게 되는 문제를 낳게 된다. 이에 평등주의 지향의 사회주의와 사회민주주의는 실질적 평등에 가깝도록 제도화하는 이념과 정책을 제시하지 않을 수 없게 된다.

평등의 가치는 소중하다. 그것은 인간의 자아실현에 긴요한 자유의 가치만큼이나 중요하다. 다만 필자가 제기하고자 하는 바는 평등과 자유의 가치 둘 다가 필요하지만 그것으로 충분하지 않다는 점이고, 오히려 공동체적 결속을 맺어줄 미덕이 결여되면 불행한 사회로 가는 내리막길을 타게 된다는 점이다. 이때 미덕good virtue을 대표하는 상징적 가치가 있다. 세계적 보편종교인 기독교는 사랑, 유교는 인, 불교는 자비를 내세운다. 이를 한 개념으로 응집하여 인애仁愛, love로 표현하였다. 인애가 결여된 평등은 전체적 획일화로 미끄러짐으로써 개인의 인권이나 소수자의 고통을 외면하게 된다. 과거 소비에트 체제의 스탈린과 공산당은 인애의 덕목을 결여하고 있었기 때문에 전체적 평등 사회를 구축한다는 미명 아래 힘없는 약자의 권리를 가장 극명하게 짓밟았다. 평등의 가치 추구와 무관하지만 우파의 파시스트 역시 동일한 과오를 범했었다. 평등이 제도적으로 중요하지만, 그것을 바르게 이끄는 규범적 가치가 있어야 하고, 그 대표성을 띤 것으로 인애를 꼽지 않을 수 없다.

덕과 공동선의 정책

　　인애는 사회 연계성의 대표 덕목이다. 인애는 평등의 가치와 함께 연계적 자아가 타인을 대할 때 취해야 할 가장 근원적이고 소중한 덕이다. 1789년에 군주제 봉건사회를 철폐하기 위해 촉발된 프랑스대혁명 당시의 시민들은 자유와 평등, 박애fraternity를 외쳤었다. 인애는 박애의 동아시아 버전이라고 해도 틀림이 없을 것이다. 박애가 기독교 사랑의 사회적 표현이라면, 인애는 그것에 유학의 인, 불교의 자비가 같이 어우러진 개념이라고 할 수 있다. 근대 이후 정치권은 자유와 평등의 가치만 제도로 조성했고, 박애는 누락시켰다. 그 이유를 몇 가지로 추산할 수 있다. 박애는 자유나 평등의 가치와 달리 제도로 안착시키기에 쉽지 않아서이거나 아니면 그 자체로 너무 고귀한 것이어서 정신적 가치로서 제도에 후광을 비추는 역할을 하도록 한 것일 수 있다. 또는 당시 유럽의 마을 곳곳에는 연대와 협력의 공동체 문화가 깃들어 있었기 때문에 이를 제도화하는 것 자체가 이상하게 여겨졌을 수 있다.

어찌되었든 박애가 빠진 현대사회는 점차 빛을 잃어가면서 야수처럼 변신하고 있다. 인애 또는 박애는 빛을 비추는 공동체성의 총아이다. 이것이 엷어져 간다는 것은 지구가 점차 태양의 빛을 등지는 방식으로 멀어져 간다는 것을 의미한다. 인애가 실종된다는 것은 사회가 수렁으로 빠지고 있음을 뜻한다. 따라서 빛이 제 역할을 할 수 있도록 해야 한다. 무엇보다도 자유주의의 가치가 개인화하는 제도로 고착되면서 박애를 밀쳐내고 있고, 평등주의는 이데올로기의 눈에 가려서 인애를 퇴색시키고 있다. 사랑과 인, 자비는 사회를 영원히 비추는 태양이어야 하고, 그것의 사회적 구현인 인애는 가능한 범위 안에서 정치에서 피어나고 또한 사회제도로도 뿌리를 내릴 수 있어야 한다. 인애는 자유와 평등을 조화로 구현하는 중심적 역할을 하면서, 또한 정직을 비롯한 여러 덕목이 제도를 통해 각각에게 알맞은 방식으로 성숙하게 피어날 수 있도록 인도되어야 한다. 따라서 인애의 자유주의적 공동체주의가 정치사상으로 실현되어야 하고, 이로써 공동선 common good의 정책이 펼쳐져야 한다.

반기문과 유명환의 차이로 보는 인사정책

자유적 공동체주의는 사회 구성원 각자가 공동체적 관계 속에서 있어야 할 자리에 위치해서 고유의 재능을 드러내도록 하는데, 그것이 공동체를 이롭게 하는 유덕한 행보가 되게 사회제도를 구축하고자 한다. 이 지평에서 인애의 공동선이 정책, 예컨대 인사정책에 어떻게 반영되어야 하는지에 대해 사례를 통해 살펴보자.

이명박 정부의 유명환 외교통상부장관이 2010년에 자신의 딸을 외교관으로 특채하는 데 교묘히 관여한 것으로 알려져서 불명예 사임을 하게 된 사건이 있었다. 그는 자신의 딸을 외교부 5급 사무관 특별채용에 응시토록 하여 유일하게 합격시켰는데, 규정에 어긋나는 조치를 취했고 면접관을 조종한 것으로 알려졌다. 또한 그는 장관으로 재임하면서, 1997년에 역시 외무고시 2부시험을 거쳐 들어온 고위직 외교관의 자녀 김모 서기관을 장관 수행비서로 전격 발탁하여 6개월을 근무토록 한 뒤에 해외 요직으로 발령을 내리기도 했다.

외교관은 국민에게 선망의 직업인 탓에 외교부 내에서도 장관과 차관, 대사 등의 고위직들이 자신들의 자녀에게 그 직을 물려주려는 분위기가 조성되어 있다. 그것이 특별한 공채나 채용을 통해 실현되기도 한다. 이미 1997년에 정규 외무고시 이외에 2부라는 별도의 제도가 생겼고, 이것이 문제로 비화되어 폐지되던 2004년까지 22명이 선발되었는데, 그 가운데 41%에 달하는 9명이 고위직 외교관의 자녀였다. 이것은 마치 특권계급의 자녀를 과거시험을 거치지 않고 등용토록 한 고려시대의 음서제도와 흡사한 양상으로 운영된 것이다. 유명환 장관은 고위 외교관들의 인사 담합에 적극 앞장선 행보를 취하면서 자신의 딸도 그렇게 등용하고자 했던 것이다. 그런데 그것이 어디 유명환 장관에게서만 나타난 것이었겠는가?

외교부 직원들은 누구나 미주나 UN본부와 같은 좋은 임지로 부임하기를 원한다. 영향력 있는 각국의 외교관들과 인연을 맺을 수 있을 뿐만 아니라 승진에도 유리한 요직이기 때문이다. 이에 장관의 수행비서를 맡으면 장관과의 사적 인연으로 인해 원하는 바를 성취할 수 있으므로 그 비서로 가기 위한 로비가 치열하게 벌어진다. 그러나 이로써 인사의 공정성이 흐트러지게 되고, 부작용도 발생하게 된다. 바로 이런 문제를 직시하던 한 사람이 그 폐해를 줄이기 위해서 장관의 수행비서를 할 사람은 임무를 마친 뒤에 해외연수를 나갈 사람으로 국한한다는 원칙을 제시하였다. 이후부터 로비가 사라지게 되었는데, 그런 결단은 노무현 정부 당시의 반기문 외교부장관현 UN 사무총장이 내렸었다. 또한 그는 차관이었던 시절에 일부 외교관들이 휴직을 통해 외국 대학의 로스쿨을 거쳐 변호사 개업을 하면서 공직을 떠나는 등

외교 공무원의 직위를 지나치게 이용하는 세태에 경종을 울리기 위해 로스쿨 진학 목적의 다년 휴직을 금지하는 조치를 취하기도 했다. 그런데 이렇게 좋은 인사의 전통이 이후 등장한 유명환 장관에 의해 일거에 뒤집혀버린 것이다.

여기서 우리는 서로 대비되는 두 인물의 유형과 그들의 인사 스타일을 접하게 된다. 둘이 능력은 비슷할지 몰라도, 한 사람은 공정성을 구현하고자 한 반면, 다른 한 사람은 불공정에 따른 사익을 추구하고자 했다. 인사정책의 한 단면으로 보면, 한 사람은 덕을 갖춘 사람이고 다른 한 사람은 부덕한 사람이다. 덕을 갖춘 사람이 고위직에서 직무를 수행하면 그런 사회는 밝아져서 누구나 신명나게 제 역할을 할 수 있게 되는 반면, 부덕한 사람이 고위직에서 부당한 전횡을 자행하게 되면 그것을 틈타 사익을 도모하는 어둠의 세력이 더욱 확산된다. 능력이 엇비슷하다면 덕을 갖춘 사람들이 공직, 특히 고위직에 발탁되어야 할 이유가 여기에 있다고 할 것이다.

미덕 함양의 인사정책

인사가 만사라는 말이 있다. 어떤 일도 그것을 수행하는 사람의 덕과 재능에 의해 좌우되는데, 공직일수록 명암이 확연히 엇

갈릴 것이다. 국무총리실 공직윤리지원관실이 있다. 이 기구가 이명박 정부에서 한 일은 주로 정부에 비판적인 공직자는 물론 민간인까지 사찰하여 불이익과 탄압, 재갈을 물리는 것이었다. 사회제도에 부덕함이 깃들도록 운영하면, 맹목적 충성과 부당한 짬짜미, 반칙과 부정, 비리로 얼룩지게 된다. 그런데 이와 달리 사회제도에 미덕과 인애가 깃들도록 한다고 하자. 세상이 어떻게 변할까?

가령 정부 부서에 공직미덕위원회를 설치하거나 또는 청와대 공직미덕지원실을 둔다고 하자. 이곳서 각 부처의 장차관 등 고위 공직자들이 유명환 유형으로 일을 처리할 경우와 반기문 유형으로 일을 수행할 경우에 각각의 평가표를 작성하고, 그리고 그것을 대통령이나 관련 기관으로 전달을 할 것이다. 마찬가지로 각 부서의 장관 역시 내부에서 비슷한 방식으로 하도록 하자. 물론 평가는 인사와 역할 설정에서 중요한 자료로 쓰이게 될 것이다. 이렇게 공직에서나마 미덕이 함양되도록 제도화하면, 같은 능력을 갖고 있을 경우 덕을 갖춘 사람들이 소신껏 일하게 되어 그만큼 사회가 밝아질 것이다. 특히 미덕 가운데서도 인애가 가득히 숨을 쉬도록 하게 되면, 동일한 일을 처리할 때도 관심과 존중, 배려가 행해짐으로써 부작용이 최소화되고, 작은 실수에도 만회할 기회가 제공됨으로써 사람들로 하여금 스스로의 행동 방식과 성품을 점차 좋은 것으로 바꾸게 하는 지평으로까지 나아가게 될 것이다. 미덕의 제도화는 덕을 갖춘 사람들을 적합한 자리에서 자신과 사회를 위해 일할 수 있게 할 것이고, 인애의 제도화는 부덕한 사람도 점진적 개선을 통해 덕을 갖추는 반열에 오르도록 할 것이다. 미덕이 제도를 통해 공동선을 풍요롭게 하는 곳으로 인도하게 된다면, 인애는 덕성이 커가도록 함으로써 공동선에 기여할 뿐만 아니라 부덕을 위축시킴으로써 악덕 도래의 사전 예방의 성격도 지닌다고 할 수 있다. 이렇게 공직의 미덕화, 인애화가 우선해서 추구되어야 한다.

정부 부서와 같은 공직인 영역과 달리 사적인 영역은 국가가 함부로 관여하기에는 조심스러울 수밖에 없고 또 그래야 한다. 그 이유는 개인의 자유와 집단의 자율성을 침해해서는 안 되기 때문이다. 인권은 존중되어야 하고, 각 집단의 고유한 역할도 존중되어야 한다. 그러나 약자의 인권을 존중하고 소수자 집단의 고유성을 보호하기 위해서 오히려 정부의 관여가 요청되는 경우도 적지 않을 것이다. 이런 경우 행해지는 정부의 관여는 인애에 기반을 둔 선의의 조치이거나 정당화 가능한 공동선의 추구로 인한 것이어야 한다.

어린 자녀는 부모나 어른의 도움을 필요로 한다. 나이가 어릴수록 경험이 없어서 스스로에게 해가 되는 것을 할 수 있고 또 분별력이 미숙한 상태에서 일을 그르칠 수 있으며, 규범의식이 약해서 공동선의 실행에 역행할 수 있는데, 이럴 때 부모나 어른은 자녀를 위해 선의의 온정적 개입을 하게 되는 경우가 적지 않다. 마찬가지로 정부가 사적 영역에 인애에 따른 온정적 개입을 할 수 있다. 이미 경제시장 자체가 전적으로 사적인 영역이라고 말할 수 없을 정도로 공적인 영역과 깊이 연루되어 있다. 예컨대 글로벌 금융위기로 대다수 기업이 부도 위험에 처했을 때 공적 기금을 투입해서 생존시키는 조치 등을 취한 것에서 이를 확인할 수 있다.

오늘날 기업의 제품 곳곳에 과학기술이 상당히 반영되어 있다. 기술은 윤리와 직결된다. 이에 사기업의 제품이라도 그것이 소비자에게 미치는 영향에 비추어서, 기업도 사회의 공적 책임으로부터 자유로울 수 없다. 2011년에 가습기 살균제로 인한 폐 손상으로 10명 이상이 사망하게 된 사건이 바로 그런 사례에 해당한다. 가령 화학약품으로 만들어진 살균제가 갖는 위험성을 충분히 인지하여 임상실험이라도 제대로 했더라면 발생하지 않을 사고였다. 사람을 다수 죽게 만들고서 관련 제품을 시장서 철수하는 것만으로 일이 해결될 사안이 아니다. 해당 기업은 무거운 책임을 느껴야 하고, 관리의 주무 부서인 보건복지부도 책임에서 자유로울 수 없다.

기업이 이윤만을 추구하는 과정에서 사회적 책임을 망각하는 경우가 갈수록 많아지고 있다. 물론 기업이나 생산현장, 연구소 내부에서 사회적 문제가 될 수 있는 소지를 포착하여 자정하려는 시도가 전개되곤 한다. 이때 문제를 제기하는 사람들은 딜레마 상황에 놓이게 된다. 기업윤리를 준수할 것인지 아니면 공적인 사회윤리를 지켜야 할지의 문제 상황에 처하게 되는 것이다. 기업에 고용된 노동자로서 회사의 영업비밀을 보호할 책임을 우선시할 것인지 아니면 사회적 책임을 더 중시하여 문제를 시정토록 조치할 것인지? 대부분의 경우, 그 비중은 기업윤리보다 사회적 책임윤리가 더 크다고 해야 한다.

현실에서는 조직 내부에서 문제를 시정코자 나선 양심적 고발자가 불이익을 당하는 것이 다반사로 일어나고 있다. 2008년에 운전사 권모 씨는 서울시로부터 세금을 더 타내기 위해 현금 승객을 축소 보고하고 있던 소속 시내버스 회사의 공금횡령을 세상에 알렸다가 해직되었고, 2년이 지난 뒤에야 다시 운전대를 잡을 수 있었다. 2011년에는 철도노동자 신모 씨가 고장철로 불리는 KTX의 엔진에서 연기가 피어오르는 장면을 사진으로 담아 철도노조에 보고하였고, 이것이 세상에 알려지게 됨으로써 회사로부터 해직을 당하였는데, 내부정보 유출과 회사 이미지 실추가 해고의 사유였다. 2008년에 한국건설기술연구원의 김이태 연구원은 이명박 정부의 4대강 사업이 실제로는 운하계획이라고 양심선언을 했다가 직장서 왕따를 당하여 연구 프로젝트를 전혀 수주하지 못하는 고통을 겼었다. 2008년에 국방부가 불온서적을 지정한 것에 반대하여 헌법소원을 냈던 7인의 군법무관 가운데 2인은 파면을 당하였고 나머지는 근신 등의 징계를 받았다. 파면된 2인은 국방부 상대로 소송을 제기하여 파면처분 취소를 이끌어냈고 다수는 변호사로 전업을 하였지만, 모두가 극심한 마음고생을 하였다. 사례로 들 수 있는 것이 어디 이것뿐이겠는가!

사회적 공익을 위해 용기 있게 의로운 행위를 한 사람들이 소속 집단에서 해고 등으로 배제되고 사회가 이것에 아무 관심도 갖지 않는다면, 어느 누구도 정직하고 의롭게 용기를 내고자 하지 않을 것이다. 이런 분위기가 지속되면, 오늘의 우리 사회가 그대로 보여주고 있는 것처럼, 반칙과 부정, 비리, 사기 등 영악지거나 사악한 행동들이 판을 치게 될 것이다.

공동선의 정책은 개개인의 사익 추구를 중시하지만 그것이 공익을 해치는 양상으로 진행되어도 무방하다고 방관하지 않는다. 공적이든 사적이든 어느 곳에서나 정직과 공의, 용기와 같은 미덕이 커가도록 인도하고자 한다. 그렇다면 양심적 내부 고발자가 부당한 불이익을 당할 경우, 그들을 명예롭게 격려하고 또 곤경에서 벗어날 수 있도록 지원을 해주어야 한다. 예컨대 공동선을 위한 양심적 행위로 인해 해고를 당했다면, 법률을 통해 복직이 되는 명예로운 길을 적극 열어주고, 그럼에도 불구하고 복직이 안 되는 경우가 있다면 국가가 나서서 구제하는 방도를 모색해야 한다. 예컨대 선명한 사례에 해당함으로써 덕을 구비하고 있고 또 관련된 전문성을 갖고 있는 분들의 경우, 일부라도 (가칭) 공직미덕위원회나 감사원, 금융감독원, 세무서 등 정부 부서에 공무원으로 특채하여 정직한 감시와 선도가 필요한 일을 맡기면 그 어느 누구보다도 맡은 소임을 잘 처리하게 될 것이다. 사회가 미덕을 함양하는 제도적 장치를 구비하면, 사회 구성원들은 누구나 필요할 때에 정직과 성실을 다하고 용기를 내며 의롭게 행동하기를 주저하지 않을 것이다. 맹자는 일찍이 군인막불인君仁莫 不仁, 즉 "군주가 어질면 (나라에) 어질지 않은 사람이 없게 된다"고 하였다. 나라가 인애와 미덕을 함양하는 데 중섬을 두면 시민이 인애와 미덕을 더욱 풍성하게 갖추게 될 것이다. 어찌 정치를 단순하게 각 정파와 많은 집단의 이익을 조정하고 타협하는 공적 무대로만 간주하겠는가!

정치가 제도를 통해 공동선을 추구한 쉬운 사례로서 버스전용차로제를 들 수 있다. 수년 전에 복잡한 서울에서 극심한 교통난을 해소하기 위해 중앙차로제가 도입되었다. 이로 인해 많은 사람을 태운 대형버스는 막힘이 없이 원활하게 질주할 수 있게 되었다. 반면 승용차를 비롯한 다른 자동차의 통행의 자유는 일부 제한되었다. 국회의원이나 대기업의 사장, 부자를 태운 승용차도 그곳으로 주행하는 자유는 제약을 받게 된다. 버스전용차로제는 빠른 이동을 돕는다는 점에서 많은 시민들의 동참을 유도하여 이롭게 하고, 각 개인의 승용차 운행을 자제토록 한다는 점에서 도심의 교통체증을 막아줄 뿐 아니라 에너지 자원을 절약하게 해주며, 또한 유해한 가스와 이산화탄소 배출을 줄여준다는 점에서 지구환경 문제의 해결에 기여한다. 한마디로 공동선을 이루는 데 기여하는 정책이다. 일반 시민의 편리를 중시하는 자애로움과 자연을 대하는 사랑이 깃든 정책의 일면이다.

인애에 따른 공동선의 정책을 펼치는 것이 얼마든지 가능하고, 그것을 더욱 확장할 필요가 있다. 같은 자세로 우리 사회가 직면하는 주요 현안, 대표적으로 사회 양극화를 해소하고, 청년실업을 개선하며, 비정규직에 대한 차별을 철폐하는 등의 문제에 대해 접근하는 것이 얼마든지 가능하다. 공동선의 정책적 관점에서 원리적으로 경제 영역에 어떻게 다가갈 수 있는지 살펴보자.

공동선과 경제정책

자유적 공동체주의는 기본적으로 사회의 분야별 영역이 서로
유기적으로 연결되도록 하면서, 그 안에서 각 영역이 갖는 자율
성을 존중한다. 다시 말해서 경제와 복지, 과학기술, 교육, 문화
예술, 노동, 환경 등의 각 영역이 분야별로 각각에 고유한 특성
을 실현하되, 그 목표는 개인의 자유와 공동선의 추구가 양립
가능하도록 지평을 펼치는 데 있다.

사회에서 경제 영역이 구현해야 할 목표는 나라의 살림이 원
활하게 꾸려지도록 하되, 누구나 사회적 존재감을 느끼는 선에
서, 인간으로서 물질적으로 존엄한 삶을 사는 데 부족함이 없도
록 하는 것이다. 이에 경제는 세 가지 목표를 갖는 것으로 세분
할 수 있다. 첫째는 사회가 문화인으로서 인간의 물질적 삶이 지
속 가능하게 충족되도록 하는 것이고, 둘째는 구성원 각자에게

알맞은 사회경제적 역할이 주어지도록 하는 것이며, 셋째는 각자가 물질적 혜택을 누리도록 하되 어느 누구도 그것에서 소외되지 않도록 하는 것이다. 여기서 첫째 목표는 지속 가능하면서 원활한 경제운영에 초점이 맞추어져 있고, 둘째와 셋째 목표는 개인의 자유로운 경제 활동을 보장하면서도 국가의 온정적 관여에 따라 일자리와 재원의 분배가 정의롭게 이루어지도록 하는 것이다. 따라서 자유적 공동체주의의 경제 또 달리 표현하면 자유주의적 공동선의 경제는 세 가지 경제 목표에 비추어 볼 때, 자유와 공리公利의 경제, 공동선의 정의와 생태의 경제가 함께 어우러지도록 하는 데 있다.

자유주의적 공동선과 시장적 공리주의

자유주의적 공동선의 경제에서 먼저 자유와 공리가 갖는 경제적 역할과 비중에 대해 살펴보자. 이것은 시장주의와 공리주의를 전부가 아닌 부분으로 볼지언정, 경제의 주요 역할자로 존중함을 뜻한다. 시장주의는 경제 주체 각자가 이윤창출의 동기 속에서 효율적으로 생산 활동에 임하도록 안내한다. 인간이 자아개발의 과제를 경제적으로 유도할 경우 이익을 추구하는 동기와 맞물려서 경제 활동을 맹렬하게 추진하게 되고, 이런 개개인의 노력이 합세하여 사회 전반의 생산성 증대에 기여함으로써 사회가 필요로 하는 물질적 자원의 확보라는 목표를 달성하게 된다. 이때 각자에게 요구되는 효율성efficiency은 능률적으로 목표를 달성하는 정도를 나타내는 것이므로 사적이든 공적이든 매우 필요한 것으로 본다.

공리주의utilitarianism는 최대 다수에게 최대의 좋음을 실현하는 행위를 옳은 것으로 보는 윤리학의 견해인데, 경제학에서 중요한 사조로 수용되고 있다. 경제 영역에서는 윤리적 좋음이 경제적 이익으로 대체된다. 따라서 공리주의 경제는 각 행위가 영향을 받는 최대 다수에게 최대의 경제적 이익을 산출하도록 안내한다. 여기서 기업은 이익 산출의 행위를 기업 활동으로 전환시킬 것이다. 정부는 경제정책을 통해 국민 다수에게 최대의 이익을 가져다주고자 할 것이다.

비용편익 분석cost-benefit analysis은 공익을 위해 사회자본을 투자하고자 할 때 비용이 허투루 쓰이지 않도록, 들인 재원에 비해 영향을 받는 사람들이 누리게 될 편익이 크도록 고안된 방식이다. 투자한 비용에 비해 얻게 될 이익이나 편익을 최대화하는 전략이다. 이것은 기본적으로 공리주의 착상에 효율성 개념이 결부된 것이다. 이에 정부는 비용편익 분석을 매우 유용한 정책의 수단으로 구사해야 한다. 국가 운영의 관점에서 볼 때, 공리주의 경제관은 큰 강점을 갖고 있다. 그것은 물질적으로 다수에게 좋은 영향을 미치기 때문이다.

부처 이기주의와 고무줄의 비용편익 분석

국가의 정책은 공리주의의 최대 효용성 원리를 적극 반영할 필요가 있다. 이에 비용편익 분석을 수행해서 기준치 1을 상회하는 정책에 비중을 두어야 한다. 그런데 정부 부서는 관료주의로 인해, 또한 일부 정치인은 숨겨둔 의도의 관철을 위해 서로 짜고 이 원칙을 어기는 경우가 종종 발생하고 있다. 대표적인 사례로 경인운하 사업을 꼽을 수 있다.

2003년에 감사원은 환경단체의 요청에 의해 건설교통부의 경인운하 사업을 감사하여 그 결과를 발표한 바 있다. 감사보고서에 따르면, 정부 조직이 자기 부처의 이해가 걸린 사업을 관철시키고자 사업평가를 기꺼이 조작할 뿐만 아니라, 이를 위해 국책연구기관을 동원하는 행태를 저질렀다. 건설교통부는 경인운하의 총사업비로 산출된 2조2,447억 원을 실무자로 하여금 임의로 줄이도록 하여 1조9,770억 원의 비용이 투입되는 보고서로 변경해서, 2002년 3월에 한국 최고의 국책연구기관인 한국개발연구원KDI에 넘겼다. KDI는 이 보고서를 토대로 비용편익 분석에 따른 경제성 지수 0.81을 도출해 내었다. 이는 기준치 1을 넘지 못하므로, 전혀 경제성이 없다는 것을 뜻한다. 예를 들자면 1조 원의 비용을 투입할 경우, 그로 인한 직접적 이익과 혜택은 8,100억 원에 불과하여 무려 1,900억 원의 손해를 보게 된다는 것이다. 그러자 건설교통부는 8월에 12개의 평가 항목을 새롭게 추가하여 재검토를 요청하였고, KDI는 수정 요구에 부응하여 재평가 지수를 0.99로 내놓았다. 그 이후에도 또 한 차례 건설교통부의 집요한 요청에 의해 마침내 KDI는 투입된 비용보다 더 많은 편익을 볼 수 있다는 것을 의미하는 1.28의 지수를 산정하여 통보하였다. 손해를 끼치는 사업이 몇 차례 조작을 통해 이익을 남기는 사업으로 둔갑한 것이다. 이것은 이윤을 추구하는 사기업의 요구에 정치권 일각이 적극 호응하였고, 이에 따라 정부 부서가 일이 성사되도록 무리수를 둔 것으로 파악할 수 있다. 지방자치단체에서도 유사한 일이 비일비재하게 벌어졌는데, 용인과 의정부시의 경전철 사업 등이 대표적이다.

우리가 확인하게 되는 것은 국민의 혈세가 줄줄 새어 나가게 되는데, 여기에는 관료주의와 시장의 탐욕주의, 돈 앞에 양심도 저버릴 수 있는 전문가의 이기적 개인주의, 그리고 정치적 지위를 남용하는 권력주의 등이 합세하고 있는 것이다. 이런 다양한 유형의 이기심의 발로는 공리주의 경제관조차 무력하게 만들기 일쑤다. 더욱 가관인 것은 환경단체의 감시와 감사원의 평가로 인해 폐기될 위기에 처한 경인운하가 이후 이명박 정부의 4대강 사업으로 인해 다시 부활하여 시행되었다는 점이다.

　정부가 공익사업을 펼칠 때 국민의 세금을 알뜰하게 사용하려
면 공리주의 경제관에 유념할 필요가 있고, 건설과 관련된 대형
국책사업의 경우에는 비용편익 분석을 강력하게 고려할 필요가 있
다. 그렇지 않을 경우, 대부분 국민의 혈세를 낭비하거나 탐욕에
찌든 각종 이기주의 집단의 배만 불려주는 것으로 귀결되기 쉽다.

공리주의의 한계

　정부가 정책을 집행할 때 공리주의 사조에 유념할 필요가 있
다. 그러나 그것에만 전적으로 매달려서는 안 된다. 그 이유는 공
리주의 자체에 일정한 문제가 있기 때문이다. 마이클 샌델은 공
리주의자 벤담*의 구빈원 사례를 언급하면서 이 점을 잘 지적해
주고 있다. 런던의 시민들은 도시를 다니면서 곳곳에서 거지들
을 만나게 된다. 이때 대부분의 사람들은 불결하고 고약한 냄새
를 맡으면서 불쾌감을 갖는다. 이에 벤담은 공리주의의 주창자
다운 생각을 하였다. 도시의 거지들을 구빈원이라는 장소에 집
단으로 수용을 하게 된다면, 사회 전체의 공리는 커질 것이라고
여겼다. 거지들을 구빈원으로 생활영역을 제한한다면, 소수 거지
들은 불쾌감을 갖겠지만 대다수 런던 시민은 불쾌감이 사라진

일상을 맞이하게 될 것이다. 전체 양으로 환원할 경우 사회의 불쾌 대비 즐거움의 총량은 늘어날 것이다.

2010년에는 프랑스의 우파 사르코지 대통령이 집시들을 출신 국가로 추방하는 정치적 조치를 내렸었다. 집시는 프랑스에 수만 명이 거주하는 것으로 알려져 있는데, 이들에게 약간의 생활보조금을 지급하고 있었다. 문제는 이들이 유랑민족이어서 다소 남루한 차림새로 곳곳을 떠도는 생활을 함으로써 프랑스 국민 다수에게 불쾌한 혐오감을 준다는 것이 실제 이유인 것으로 파악되었다.

벤담의 구빈원이나 사르코지의 집시 추방은 공리주의의 관점에서 정당화가 된다. 그런데 이로 인해 거지나 집시의 자유는 박

● 제레미 벤담(Jeremy Bentham, 1748~1842)

옥스퍼드대에서 수학한 법률가로서 철학자이면서 사회개혁가로 활약했다. 그는 최대 다수에게 최대의 쾌락을 가져다주는 것이 도덕적으로 옳다고 주장함으로써 공리주의의 사조를 열었다. 그의 견해는 후세에 많은 영향을 끼쳤고, 무엇보다도 국가정책의 핵심을 이루는 경제학 분야에 중요한 영향을 미쳤다. 사회개혁가로서 효율화된 정책적 제안을 많이 내놓았는데, 그 가운데 하나가 구빈원의 착상이었다. 뿐만 아니라 국가가 작은 비용과 노력으로 죄수를 효과적으로 감시하는 원형교도소인 파놉티콘(Panopticon)의 구상을 제안하기도 했다. 죄수는 원형으로 둘러싸인 복판에 놓여 있는 까닭에 늘 천지사방으로부터 감시당하고 있다고 생각하게 되고 마침내 교도관의 감시 눈길을 스스로 내면화하여 자기감시를 하게 됨으로써 다른 짓을 못하게 될 것이라고 내다보았다. 포스트모더니즘 철학자 미셸 푸코(Michael Foucault)는 근대의 시설물을 지을 때 벤담의 착상이 반영되는 경우가 많았다고 지적하면서, 근대의 이상이 이성적인 사회통제에 불과한 것임을 우회적으로 비판하였다.

탈을 당한다. 실제로 사르코지의 집시 추방 정책에 대해 당시 유럽인권위원회는 EU 시민은 누구나 유럽 영내를 자유롭게 이동하는 것을 보장한다는 EU의 정신에 위배된다고 비난하는 성명을 발표한 바 있다. 이렇게 보면 공리주의는 다수에게 이익이 되는 행위나 정책을 펼치면서 소수자의 권리를 침해할 수 있다는 치명적 문제점을 드러낸다고 할 것이다. 가령 정의justice를 사회 구성원 각자가 사회로부터 응분의 공정한 대우를 받는 것으로 이해할 경우, 공리주의는 정의롭지 못한 것으로 규정될 것이다.

우리나라의 1인당 국민소득GNI은 노무현 정부 때인 2007년도에 처음으로 2만1,695달러에 도달했다. 이후 이명박 정부 들어서면서 글로벌 금융위기가 가시화되자 2009년에는 1만7,193달러로 떨어졌고, 비로소 2010년에 2만759달러로 회복세를 보였으며, 2011년에는 2만3천 달러대로 올라선 것으로 집계되고 있다. 1인당 국민소득의 관점에서 보면, 대한민국의 경제적 파이가 줄었다가 3년 만에 원상으로, 그리고 4년 사이에 약간 상승된 것이다. 그런데 그 사이에 무슨 일이 벌어졌을까? 사회 양극화가 심화된 것이다.

2008년 초에 출범한 이명박 정부는 비즈니스 프렌들리 정치를 천명하면서 출자총액제한제도를 철폐했다. 그 결과 30대 재벌의 계열사 수가 2006년에 731개였던 것이 2011년에는 1,150개로 증대됨으로써 무려 359개나 추가되었다. 재벌의 계열사는 기업형 슈퍼마켓SSM을 차려서 골목까지 밀고 들어와 지역 상권을 초토

화시키면서 서민의 잔돈까지 털고 있고, 그것도 모자라서 커피점은 물론 빵집까지 차리고 나섰다. 그 결과 재벌기업은 2011년 기준으로 사상 최대의 매출과 수익을 올렸지만 서민의 경제는 허리 휠 정도로 힘들어졌다. 국세청의 종합소득세 추이를 분석한 결과 상위 20%와 하위 20%의 차이가 1998년에 17.7배이던 수치가 2009년에는 45.4배로 늘어났다.

공리주의 경제정책에 의해 가능한 한 파이의 크기를 유지하거나 이를 키우고 있지만, 그 이익의 분배는 쏠림 현상으로 나타나서 상위 계층에게 집중되는 사태 선개를 보이고 있다. 불공정성이 만연함으로써 경제 부정의가 초래되고 있는 것이다. 이것은 파이를 효율적으로 키우는 데만 골몰할 뿐이므로 소수자의 권리를 침해하거나 사회 양극화를 심화시키는 등 정의를 해치고 공동선을 저해하는 특성도 갖고 있음에 유념해야 할 것이다. 물론 공리주의 접근에는 자유주의와 마찬가지로 사회적 약자를 보듬고 배려하는 인애와 덕의 자세도 실종되어 있다.

공동선의 성숙한 경제

마이클 샌델은 『정의란 무엇인가』에서 전 미국대통령 후보 로버트 케네디Robert F. Kennedy의 1968년도 연설문을 인용하면서 오늘날의 성장 지상주의 경제가 갖는 문제를 통렬히 비판하고 있다. 그런데 그 안에서 새로운 경제관이 어떤 방향으로 나아가야 할지를 시사하고 있으므로 이를 살펴보는 것은 매우 적절하다고 여겨진다.

> 우리 국민총생산은 한 해 8,000억 달러가 넘습니다. 그러나 여기에는 대기 오염, 담배 광고, 시체가 즐비한 고속도로를 치우는 구급차도 포함됩니다. 우리 문을 잠그는 특수 자물쇠, 그리고 그것을 부수는 사람들을 가둘 교도소도 포함됩니다. 미국 삼나무 숲이 파괴되고, 무섭게 뻗은 울창한 자연의 경이로움이 사라지는 것도 포함됩니다. 네이팜탄도 포함되고, 핵탄두와 도시 폭동 제압용 무장 경찰차량도 포함됩니다. (⋯⋯) 우리 아이들에게 장난감을 팔기 위해 폭력을 미화하는 텔레비전 프로그램도 포함됩니다. 그러나 국민총생산은 우리 아이들의 건강, 교육의 질, 놀이의 즐거움을 생각하지 않습니다. 국민총생산에는 우리 시의 아름다움, 결혼의 장점, 공개 토론에 나타나는 지성, 공무원의 청렴성이 포함되지 않습니다. 우리의 해학이나 용기도, 우리 지혜나 배움도, 국가에 대한 우리의 헌신이나 열정도 포함되지 않습니다. 간단히 말해, 그것은 삶을 가치 있게 만드는 것을 제외한 모든 것을 측정합니다.

로버트 케네디*의 연설문이 잘 드러내고 있듯이 오늘날 각 국가가 목을 매면서 추구하는 경제성장과 국민총생산이란 계량적 수치는 인간이 이웃과 더불어 아름답고 숭고하게 살아갈 수 있는 공동체의 미덕을 전혀 고려하고 있지 않다. 오히려 시장주의의 이윤 창출이 경제영역을 넘어 사회 전체로 만연되면서 오히려 사회의 미덕이 실종되는 사태로 전개되고 있다는 것에 대해 심히 우려하지 않을 수 없다.

바로 이와 같은 문제의식을 갖게 될 경우, 새로운 경제가 구현해야 할 내용이 손에 잡히게 된다. 제3정치의 경제관이 요구되는 바가 여기에 있다. 앞서 언급한 바와 같이 2차원의 제3정치는 자유와 평등의 가치를 적절히 배합하는 중도의 정치인 반면, 3차원의 제3정치는 인애의 가치를 필두로 자유와 평등의 가치를 중용으로 구현하는 정치이다.

중용의 자유적 공동체주의 경제는 따뜻한 성숙경제mature economics를 지향한다. 시장주의와 계획경제가 혼용되는데, 인애의 자세로 노동 여려이 있는 사회 구성원들에게 사회적 존재감이 가장 잘 부각되도록 배려하고, 노동력을 갖고 있지 못하거나 결여된 구성원들에게 복지 혜택이 돌아가도록 존중한다. 뿐만 아니라 인간의 경제가 자연의 생명부양 체계 범주 안에서 제대로

● **로버트 케네디 (Robert F. Kennedy, 1925~1968)**

하버드대를 졸업하고, 버지니아대 로스쿨을 수료하여 변호사 자격을 획득했다. 미국 상원의 법률고문으로 활동하다가 1960년에 형인 존 F. 케네디가 대통령에 출마하자 선거를 일선에서 지휘하였고, 법무장관을 맡았다. 장관 취임 당시 정실인사라는 구설수에 올랐으나 소신에 찬 개혁조치를 성사시켜 찬사를 받았다. 특히 남부지역의 인종차별을 불식시키고자 과감한 정책을 시행하였다. 케네디 대통령이 암살당한 뒤 그 이듬해인 1964년에 뉴욕주 상원의원에 도전하여 당선되었다. 1968년 대통령 선거에 민주당 후보로 출마하여 많은 지지를 받음으로써 백악관 입성이 유력한 상황에서 유세 중인 로스앤젤레스 호텔에서 암살을 당하였다. 그는 법률가로서 인권을 존중하였으며, 정치인으로서 공화주의 이상을 실현하는 데 지대한 관심을 갖고 있었다.

기능할 수 있도록 생태 친화성을 견지한다. 경제성장은 사회 구성원들의 물질적 삶이 인간으로서 존엄성을 유지하는 데 불편함이 없도록 하는 선에서 추구되지만, 질적인 정신문화의 가치를 경제적으로 향유하는 더 높은 단계로 발돋움할 성숙경제로 나아가고자 한다. 이것이 가능하게 될 때 사회의 공동선은 큰 폭으로 증진될 것이다.

몬드라곤 협동조합과 공동선의 경제

공동선의 성숙경제로 이행하는 길목에서 비교적 성공적인 사례를 살펴볼 수 있다. 몬드라곤 협동조합Mondragon Co-operatives 그룹이 그것이다. 2008년에 시작된 금융위기의 파고가 유럽을 덮쳐 아일랜드와 그리스, 포르투갈을 거쳐 마침내 EU의 4위 경제대국인 스페인에도 덮쳤다. 스페인이 위기에 빠진 주된 요인은 2007년에 외국의 투기자본이 상륙하여 유럽에서 가장 극심한 부동산 거품을 일게 만들었고, 이로써 주택담보 대출에 연루된 은행들이 부실에 빠져든 데 있다. 이것 이외에도 지방 정부의 방만한 운영도 지적될 수 있다. 결국 스페인은 2012년 6월에 유럽중앙은행에 구제금융 신청을 하게 되었는데, 외부 도움을 받으면서 은행권의 부실해소와 재정긴축을 통해 사태를 극복해야 하는 과제를 안게 되었다. 그러나 스페인 안에는 세계 공동체주의 경제가 주목해야 할 모범적인 사례가 있음에 주목할 필요가 있다. 바스크 지역에 거점을 둔 몬드라곤 공동체가 그것이다.

몬드라곤 협동조합 그룹은 2011년 말 기준으로 산업과 금융, 유통, 지식으로 분류되는 네 분야에 256개의 사업장을 갖고 있으면서 83,869명의 노동자에게 일자리를 제공하고 있는데, 스페인에서 매출액에 비추어 7위권을 차지하는 규모이다. 그런데 몹시 특징적인 것은 이 그룹이 한국의 삼성이나 현대와 같이 특정 인이나 한 집안에 의해 지배적으로 운영되는 것이 아니라, 협동조합에 속한 모든 노동자들에 의해 직접 임원진이 선출되고 주요 경영의 내용과 방향이 결정된다는 점이다. 몬드라곤 그룹은 스페인 내란1936~1939의 상처로 인해 절망과 침체에 빠진 몬드라곤 시에 젊은 신부 아리스멘디아리에타* 신부가 부임하여 1943년에 기술학교를 설립하고 그리고 연대와 참여에 근거한 인도주의 정신으로 1956년에 울고Ulgor라는 협동조합 공작소를 탄생시킨 데서 연유한다. 울고는 현재 스페인 가전제품 시장의 30%를 점유하는 파고르전자Fagor로 거듭나서 소비자들에게 장기적인 신뢰를 얻고 있으며, 이런 협동조합 기업을 재정적으로 뒷받침하기 위해 1959년에 신용협동조합인 노동금고가 설립되었으며, 1969년에 유통기업인 에로스키Eroski가 출범하여 오늘날의 형태를 갖추게 되었다.

● **호세 마리아 아리스멘디아리에타 (José Maria Arizmendiarrieta, 1915~1976)**

군주제가 유지되던 1915년에 농부의 아들로 태어나서 사고로 왼쪽 눈을 실명하였으며, 12살에 가톨릭 신학교에 입학하여 신부가 되었다. 당시 스페인은 군주제가 종식되고 공화국이 들어섰지만, 군부의 프랑코 장군이 쿠데타를 일으키자 시민과 군부 사이에 스페인 내란이 벌어지게 되는데, 신부는 이에 참전하여 체포되었고 이후 방면된다. 신부는 1941년에 몬드라곤에 부임하게 되는데, 내전 이후 혼란과 좌절의 상처를 딛고 일어날 수 있도록 기술학교를 열었고, 그 졸업생을 주축으로 협동조합 기업인 울고라는 공작소를 출범시켰다. 그리고 세상을 하직하는 1976년에 이르기까지 노동금고와 유통조직을 만드는데, 기본적으로 가톨릭의 사회교리가 가르침을 주는 바에 따라 공동체 구성원들이 이웃사랑의 정신에 의해 서로 연대하여 협력적 생활을 도모할 수 있는 사회경제적 여건을 조성하는 데 전적으로 헌신하였다. 아리스멘디아리에타 신부를 빼놓고서는 오늘날의 몬드라곤 공동체를 언급할 수 없다.

몬드라곤 협동조합은 기업이지만 협동조합이다. 이곳은 주식 1주당 1표가 아니라 모든 노동자가 1인 1표의 주주 의결권을 갖고 직접 경영의 방향을 결정하며, 그에 따른 부담과 이익을 함께 누린다. 이곳 협동조합은 네 가지 가치를 핵심으로 실현하고자 한다. 첫째, 협동co-operation의 가치이다. 누구에게나 가입이 개방된 민주적 조합의 구성원 모두는 직접 생산 현장이나 사무실서 일하는 노동자이면서 기업의 소유자로서 필수적인 협동을 수행한다. 둘째, 참여participation의 가치이다. 모두가 기업 경영에 임원이나 임원을 선출하는 주주로서 참여한다. 셋째, 사회적 책임social responsibility의 가치이다. 연대와 배려에 근거하여 일자리를 가능한 한 많은 사람과 나눌 뿐만 아니라 배당의 몫도 재분배하는 데 주안점을 둔다. 예컨대 같은 규모의 대기업의 경우, 경영진과 최저 임금 노동자의 비율이 300배에 이르는 데 비해, 이곳에서는 9배를 넘지 않도록 하고 있다. 업종에 따라 다소 차이를 보이고 있지만, 평균적으로 5배 정도를 나타내고 있다. 이로써 임금이 가장 낮은 노동자들의 경우, 동종 업종에 비해 13% 더 많이 받는 것으로 조사되었다. 뿐만 아니라 잉여금(그곳에서 이윤 대신에 사용하는 공동체적 표현)의 10% 정도를 사회연대 및 교육기금으로 출연함으로써 협동조합 기업과 함께하는 지역사회에 많은 기여를 하고 있다. 넷째, 혁신innovation의 가치이다. 이곳은 참여자가 동등한 자격으로 같은 출자금을 출연하여 모인 협동조합이지만 현실 사회에서, 특히 유럽공동체에 편입되는 사태를 맞이하고 또 지역의 안방으로 파고드는 글로벌기업과 경쟁을 하지 않고서는 도태될 수밖에 없는 상황에서, 교육을 통한 기술혁신을 부단히 도모하고자 한다. 공동체 내부에 인성의 함양과 사회적 연대, 기술혁신을 위해 초등학교부터 대학에 이르기까지 학교기관을 두고 있는데, 이것은 인도주의적 가치를 연마하고 또 소속 기업을 건강하게 지속적으로 유지하기 위함이라고 할 수 있다.

물론 스페인이 2012년에 금융위기를 자력으로 극복하지 못하고 EU의 구제금융을 받게 된 상황에서 몬드라곤 협동조합도 적지 않은 영향을 받을 것으로 예상된다. 그러나 스페인 내의 다른 기업과 달리 몬드라곤 그룹은 역경을 이겨내면서 오히려 모범을 보여줄 것으로 기대된다. 이 그룹은 1990년에 23,130개의 일자리를 창출하고 있었는데, 글로벌 금융위기가 닥친 2008년에는 오히려 1만5천 개의 일자리를 추가로 창출하여 현재 총 8만4천 명이 일하고 있다. 당시 255개 기업 가운데 단지 1개 기업만 파산을 하게 되었는데, 파산 기업의 종사자들은 그룹에서 실직으로 분류되어 쫓겨나는 것이 아니라, 1년 정도의 휴직 기간을 거쳐 다른 기업으로 재고용되는 절차를 거쳤다. 휴직을 하거나 정년을 맞이해도 급여의 85%에 해당되는 수당이나 기금을 받기 때문에 생활 속의 불편을 느끼지 못하며 오히려 재충전의 기간으로 삼고 있다. 그리고 비정규직은 거의 없지만 있어도 1년을 넘지 않은 일시적 기간으로 정해져 있고, 오히려 노동자의 개인 사정으로 인해 발생하는 경우가 많으며, 임금은 정규직과 동일하다.

전반적으로 평가하면, 몬드라곤 협동조합 그룹은 아리스멘디아리에타 신부가 고대로부터 중세를 거쳐 근대로 이어지고 있던 공동체적 연대와 배려의 정신 속에 협동조합주의corporatism를 사회경제적으로 실천한 모범의 하나를 보여주고 있고, 무엇보다도 신자유주의가 만연하는 세계사적 풍조 속에서도 끊임없는 혁신을 통해 인도주의의 핵심 가치를 존속시키고 있다고 할 것이다. 다만 이 그룹에도 문제가 전혀 없는 것은 아니다. 공동체 경제를 유지하기 위해서 신자유주의와 맞설 수밖에 없는 상황이었고, 이 과정에서 효율화와 최적화, 현지화를 위해 해외에 다수의 현지 공장을 두게 되었지만 자국과 동등한 권리와 혜택을 현지 노동자들에게 제공하지 못하고 있다는 점이다. 이 경우 자칫 초국적 기업이 저지르고 있는 것과 흡사한 양상으로 부도덕한 평가에서 벗어나지 못할 수 있다. 다만 조합기금의 자주적 출연과 협동조합 설립 등 현지 국가의 문화 및 법률상의 제약으로 인해 야기된 경우가 많고, 또 몬드라곤 경영진과 주주가 인도주의적 관점에서 이것을 문제로 충분히 인식하고 있다는 점에서 향후 바람직한 해결 방향으로 나아갈 것이라고 기대해본다.

자유적 공동체주의의 경제는 1차적으로 경제 영역에 맡겨진 기본적 역할에 주안점을 두는데, 그것은 인간의 문화석 삶이 물질적 부족으로 어려움을 겪지 않도록 경제를 활성화시키는 데 있다. 이에 사적으로 영리를 효율적으로 추구하는 자유로운 행위를 존중한다. 그러나 그것이 공동체의 건강한 유지에 기여하는 형태여야 하며, 이때 개개인이 이웃에 대해 취하는 자세는 인애에 바탕을 둔 것이기를 적극적으로 희망한다. 따라서 공동선에 부응하는 방식으로 시장주의 경제를 허용하고, 이 과정에서 몬드라곤 협동조합의 경제 모형에 지대한 관심을 갖는다. 그리고 소규모 협동조합 기업을 적극 육성하고자 하며, 더 나아가 장기적 관점에서 인간의 경제가 자연의 생명부양 체계 안에서 작동함으로써 생태적으로 건전하면서 지속 가능한 경제로 전환토록 유도하고자 한다.

공동선과
복지, 교육, 환경정책

8

The Third Politics Concert

자유적 공동체주의와 공동선

    인간은 홀로 살아갈 수 없는 존재이다. 정신의 능력을 지닌 까닭에 합리적 궁리를 하게 되고, 자신의 삶에 적합한 방도를 찾게 된다. 인간이 자연에서 수렵과 목축을 하면서 떠돌아다닌 때도 있었다. 자연의 변화와 계절의 차이에 적응하면서 끊임없이 식량을 찾아다녀야 했기 때문이다. 그러다가 마침내 지루하고 고단한 삶의 여정에서 벗어날 수 있는 기회를 맞이했다. 야생의 밀과 벼 등 작물을 재배하는 데 성공을 거두게 된 것이다. 인간의 '문화culture'란 말의 뜻도 '자연을 경작한다cultivate'는 것에서 유래했음은 이것을 잘 말해주고 있다. 수렵과 목축의 경우에도 그랬지만, 자연 경작의 문화는 더군다나 협동을 절대적으로 필요로 했다. 자연스럽게 무리를 지어 사는 문화 공동체community가 조성되었고, 이로써 인간은 누구나 사회적 동물이 되는 운명을 맞이했다.

인간은 사회 구성원과 함께 삶을 누리는 연계적 존재이다. 그러나 다른 한편으로 어떤 사람도 남과 판박이로 같은 경우는 없다. 일란성 쌍둥이로 태어난 형제도 같은 유전인자를 갖고 태어났기 때문에, 외모가 흡사하고 내면의 기질이 동일하더라도 그들이 처한 문화적 여건에 따라 성격과 행동 방식의 차이를 드러낸다. 인간은 누구나 자신을 구성하는 문화로부터 일정한 영향을 받지만 주체적 사유와 성찰을 하는 정신 활동 덕분에 자유로운 존재이기도 하다. 자유의 영혼은 인간 각자로 하여금 스스로의 삶에 고유성을 구현토록 자아를 성숙시킨다. 결국 인간은 연계적 자아일 수밖에 없다.

정치와 경제, 개인주의

정치politics란 무엇인가? 사회 공동체의 대소사 일을 함께 도모하여 처리하는 것이다. 우리는 편의상 공사를 구분하곤 한다. 공적인 일은 사회적 형태의 것으로 국가polis와 관련되고, 사적인 일은 개인과 가정oikos의 몫으로 본다. 정치는 주로 공적인 일에 관여한다. 그러나 그것이 사적인 것과 전혀 무관할 수는 없다. 정치가 사적인 개인의 삶과 가정에 영향을 끼치기 때문이다.

서양에서 경제oikonomia는 어원학적으로 "가정의 살림을 관리한다"는 것으로서 사적인 성격을 띠었다. 그런데 사회가 발전할수록 경제가 중요한 사안으로 부상하게 되었다. 특히 산업문명의 자본주의 체제가 등장하면서 더욱 본격화되었다. 그리고 자유주의 사조가 이것에 사상적 기반을 제공했다. 개인이 자유롭게 영리 활동을 도모하는 것이 나라의 경제를 활성화시킴으로써 다수가 풍요롭게 재화를 향유할 수 있게 된다고 보았다. 이렇게 해서 현대문명에서는 사적인 이익 도모 행위가 공적인 일을 대체하는 형세가 되어 버렸다. 개인주의는 이것을 가능하게 하는 사조였다.

　　개인주의individualism는 사회와 같은 전체를 개인들의 단순 집합체로 간주한다. 전체는 개체들의 합으로 환원되기 때문에, 알기도 어려운 전체 그 자체를 파악하려고 하기보다는 개인들의 특성과 행동 방식만 찾아내어 이를 합산하는 것으로 끝내고자 한다. 개인주의는 사상적 자유주의나 경제적 자본주의와 결합되어 매우 유용한 것을 제공한다. 한편으로 각 개인이 자유롭게 판단하여 선택적 행위를 하며, 그에 따른 것에 대해서만 사회적 책임을 지게 한다. 또 다른 한편으로 각 개인이 자신에게 이익이 되는 영리 활동을 경제적으로 추구하여 부를 추구하게 만든다. 이로써 인간 각자는 자유를 만끽하게 되었고 경제적 부도 성취하게 되었다. 산업사회 현대인이 누리는 한 모습이다. 외견상 개인주의적 자유주의 사회는 매우 좋아 보인다.

그러나 개인주의적 자유주의는 유능하거나 이기적인 개인에게는 활개를 칠 수 있는 무대를 제공하고 또 단기적으로 사회적 부를 축적하는 데 도움을 주지만, 그 이면에 사회를 병들게 만들고 개인들에게 정서적 피폐함을 가져다준다. 무한경쟁에 뛰어든 고립적 개인이 성공 가도를 달릴 때는 만족스러움을 느끼지만 홀로 남겨진 고독감에 휩싸이게 되고, 경쟁서 탈락한 사람은 좌절로 인해 상처를 받게 된다. 이 과정에서 사회는 갈수록 야수적이 되고 반칙과 부성, 부패가 만연하는 병리적 증상에 시달리게 되며, 인간의 영혼을 따뜻하게 위로해줄 수 있는 기능마저 상실해버린다. 현대사회가 보여주는 또 다른 단면이다.

자유적 공동체주의와 핵심 키워드

사회가 정도를 걷도록 해야 하고, 그러려면 정치가 바로 서지 않으면 안 된다. 이때 정치가 유념해야 할 것은 인간이 고립적 자아의 존재가 아니라 연계적 자아relational self의 존재라는 사실이다. 정치가 연계적 자아의 상에 맞는 바를 펼칠 때 비로소 제 길로 들어설 수 있다. 인간은 누구나 시간 축으로 역사성을 갖고 있고 공간 축으로 이웃과 연대성을 지닌 문화적 존재라는 사실에 비추어 정치가 이에 합당하도록 전개되어야 한다.

정치는 다양한 집단의 이익을 절충해서 타협으로 이끌어내는 기술이라는 주장이 있다. 현실을 냉정하게 돌이켜 보면, 그 말에 일리가 없지는 않다. 그것은 인간의 이기심을 사회적 합의의 장으로 이끌어낸다는 측면에서 일견 타당성을 지닌다. 그러나 거기에는 사회를 맑게 하는 가슴 벅찬 열정이 결여되어 있다는 점에서 한계도 명확하게 갖고 있다. 인간에게는 양심도 있기 때문에 이것을 고양시켜서 더불어 살아가는 삶의 기쁨을 함께 나누도록 촉진을 해야 한다. 자유로운 합리성의 기조 위에 덕virtue이 결합되어 건강한 공동체의 정신이 분출하도록 정치의 패러다임이 전환되어야 한다. 인애의 자유적 공동체주의liberal communitarianism에서 이것을 찾는 것이 가능하다고 본다. 이 사조는 자아에서 발원하는 인간의 자유를 존중하고 또한 사회가 공적으로 바람직한 방향을 향해 나아가도록 공동선common good을 추구한다.

자유적 공동체주의는 공동선을 향한 정책을 어떤 양상으로 펼치게 되는가? 사회를 추동하는 각 영역(예, 경제)이 그 영역에 고유한 것을 추구하면서 다른 영역(예, 복지나 환경 등)과 유기적으로 건강한 질서를 조성토록 유도하고 그리고 한 영역 안에 참여하는 사람들에게 가장 알맞은 역할을 하게 조성함으로써 경제적 삶도 가능하게 할 뿐만 아니라 사회적 존재감도 갖도록 인도한다. 공동선의 사회는 구성원 각자가 고유한 재능을 꽃

피우도록 하되, 그 재능의 실현이 공동체를 아름답고 이롭게 하는 데 기여하는 방향으로 안내한다. 예컨대 좋은 바이올린은 돈이 많거나 권력을 지녔거나 욕심을 내는 사람에게 돌아가는 것이 아니라, 그 바이올린을 가장 잘 연주할 수 있는 사람에게 가도록 한다. 그리고 그가 좋은 바이올린으로 연주를 하게 될 때, 많은 사람들에게 아름다운 선율을 들려줌으로써 영혼을 일깨우는 기여를 하게 될 것이다. 경제에서 주된 가치로 작동하는 돈의 힘이 경제 영역을 넘어 예술과 교육, 스포츠, 종교, 가정의 영역에서 지배적 가치로 등극하노록 하지 않는다. 정의justice는 사회적 가치의 특성에 따라 고유하면서 더불어 누리는 일과 몫의 분배 및 향유로 이루어지도록 조성한다.

사회는 제도적으로 정의가 구현되도록 해야 하지만, 또한 미덕이 지속적으로 빛을 발하도록 해야 한다. 이때 가장 고귀하면서 강렬한 빛이 인애이다. 정치는 국가의 정책이 개인의 자유를 실현토록 하면서 공동선을 이룩하도록 방향을 잡아야 하며, 그것이 따뜻한 빛에 의해 인도되어야 한다. 이런 관점에서 자유적 공동체주의가 사회의 정책을 이끌 때 그것에 핵심이 되는 키워드를 몇 가지로 선별하여 제시할 수 있다. 1차적으로 자유와 공동선, 그리고 미덕의 대표인 인애 세 가지를 꼽지 않을 수 없다. 다만 제도적 접근의 세분화를 위해 두 가지를 추가하는 것도 가능하다. 그것은 평등과 연계적 자아의 사회성으로서 1차적 키워드에서 도출될 수 있는 것들이다. 그렇다면 자유적 공동체주의의 2차적 지평에서는 자유와 평등, 인애, 연계적 자아의 사회성, 그리고 공동선을 핵심적인 정책의 키워드로 삼는 것이 가능하다. 이제 이런 핵심 키워드가 제도와 정책에서 어떻게 조화롭게 구현될 수 있는지 살펴보자. 여기서는 원리적으로 복지와 교육, 환경 분야의 정책으로 좁혀서 논의를 하겠다.

공동선과 복지정책

　자유적 공동체주의 시각에서 사회복지social welfare에 대한 정책적 접근이 가능하다. 이 시각에서 보는 공동선의 복지철학을 언급하기에 앞서 현재 우리나라의 복지 수준이 어느 정도인지를 먼저 가늠해보자. 한국은 GDP 2만 달러를 조금 넘어선 수준인데도 사회복지비 비중은 9%를 밑도는 실정이다. 유럽 선진국은 과거 1만 달러 수준일 때 사회복지비 비중이 이미 15%였고, 현재 OECD의 평균치는 21% 정도이며, 주요 선진국의 경우 25~30%에 이르고 있다. 이와 비교하면 우리의 복지 실태는 선진국의 절반에서 3분의 1 사이에 놓여 있음을 알 수 있다. 당연하게 대폭적인 복지 개선을 하지 않을 수 없다.

정치적 사조로 본 복지정책

그렇다면 복지정책을 어떻게 추진할 것인지가 중요하다. 현재 보수우파 진영은 선별적 복지정책을 주장하고 있고, 민주당과 진보당 등 진보좌파 진영은 보편적 복지를 열렬하게 외치고 있다. 어떤 길을 우리 사회가 지향해야 하는지, 또는 보다 적합한 제3의 길이 있는지 분별할 필요가 있다.

기본적으로 공리주의와 자유지상주의는 정책적 차원에서 복지를 시행할 필요성을 느끼지 않는다. 공리주의는 사회의 경제적 부의 크기를 늘리는 데 주안점을 두고 있지 그것의 분배에 대해서는 어떤 입장도 갖고 있지 않다. 자유지상주의는 개인의 자유로운 행위를 절대적으로 중시하면서 정부가 어떤 형태로든 개인의 자율성을 침해할 수 있는 간섭을 최소화해야 한다고 말한다. 다시 말해서 작은 정부만이 정의롭다고 주장한다. 정부가 사회적 약자의 삶을 개선하는 복지정책을 펼치고자 부자와 기업에게 더 많은 세금을 거두는 손 큰 행위는 일부 개인의 자유로운 영리 활동을 저해하는 것이고, 더 나아가 부자의 사유재산에 대한 강탈이라고 주장한다. 자유지상주의에서 복지정책은 어떤 형태로든 정당화되지 않는다.

시장경제의 활성화에 중점을 두는 신자유주의는 조금 다른 각도에서 복지를 바라본다. 시장에서 보이지 않는 손의 기능이 제대로 작동할 때 생산성이 최대로 고조되고, 이에 따라 많은 일자리가 창출되므로, 국가가 별도로 복지정책을 강구할 필요가 없다고 여긴다. 자유로운 시장이 많은 노동력을 필요로 하게 되므로, 일자리를 통해 개개인에게 복지를 제공하는 것이 최선이라고 주장한다. 이 입장은 보편적으로 복지를 제공하는 정책적 접근이 정부의 곳간을 비게 만들어 재정 건전성을 위협하게 될 것이라고 생각한다. 이명박 정부의 윤증현 재정부장관은 2011년 초에 복지담론이 정치권에서 요동을 치고 있는 현실을 염두에 두어서인지 "정치권이든 국민이든 나라 곳간을 주인이 없는 공유지 취급을 해서 서로 (자신의) 소를 끌고 나와 계획 없이 풀을 뜯긴다면 초지가 황폐화된다"고 말한 바 있다. 환경적 담론에서 제기된 공유지의 비극* 논의를 매우 영악지게 복지담론에 적용한 것

● **공유지의 비극 (tragedy of the commons)**

지구촌 환경재난이 위기로 감지되던 무렵인 1968년에 가렛 하딘(Garrett Hardin)이 과학 저널 사이언스에 '공유지의 비극'이란 제목의 논문을 게재함으로써 세계적으로 회자되기에 이르렀다. 그는 중세 때 마을이 공유하고 있던 목초지의 개념을 빌려와서, 지구적 환경위기가 어떻게 전개되는지를 보여주었다. 마을 사람들 각자가 자유롭게 자신들의 가축을 데리고 나와 풀을 뜯어먹게 하면서 그 수를 늘려 모두가 부자 되기를 꿈꾸는데, 어느 시점에 이르면 공유지의 감당 여력을 초과하게 됨으로써 생태계가 붕괴되는 과정을 그려내었다. 지구 생물권의 생명부양 여력에 한계가 있는 상태에서 각 나라가 끊임없이 물질적 경제성장을 도모할 경우, 마침내 파국에 도달할 것임을 예고하는 것으로 해석할 수 있다. 경제적 자유를 무한정 방치할 것이 아니라 공동선에 따른 절제가 필요함을 함축하는 것으로 그 메시지를 읽을 수 있다.

이라고 볼 수 있다.

이에 반해 복지정책에 긍정적이거나 매우 적극적인 정치적 사조가 있다. 롤스의 평등적 자유주의는 모든 사람들의 동의를 얻는 사회적 합의가 기초적 자유에 대한 권리를 제공하면서 또한 차등을 최소화하는 원리에 근거해 있음을 밝히고 있으므로, 이 입장에 의해 자유 시장을 유지하는 가운데 정부의 적극적 복지정책을 펼치는 것이 가능하다. 사회민주주의는 의회 민주주의의 범위 안에서 평등주의 노선을 추구하였고, 시장경제 질서와 사회 계획을 양립시킴으로써 사회가 가야 할 방향을 복지국가로 잡았던 만큼 서유럽에서 현대의 복지국가를 태동시킨 당사자라고 할 수 있다.

복지와 권리, 공동체적 책임

정치적 사조의 관점에서 보면 권리rights에 근거해서 복지를 서로 다르게 조망하고 있음도 확인하게 된다. 보수적인 자유(지상)주의는 인간 각자에게 자유와 생명, 사유재산에 대한 권리가 있음을 내세울 뿐 행복추구권이 모두에게 공유되어야 할 것으로 승인하지 않는다. 이에 보편적인 복지정책을 추구하는 정부는 필연적으로 시장 개입과 강압적 자산 분배를 단행하게 되어 개인의 자유와 사유재산에 대한 권리를 침해하게 된다고 강변한다. 이에 반해 진보진영 역시 권리에 근거해서 보편적 복지정책을 정당화하고자 한다. 이 입장은 인간이면 누구나 주거와 의료, 교육, 육아, 노후 등에 있어 인간다운 생활을 할 권리가 있음을 제기하면서 보편적 복지정책의 시행을 정당화하고자 한다.

우파 계열은 자유권적 기본권만 승인함으로써 복지정책의 정당화에 회의적인 태도를 취하는 반면, 좌파 계열은 사회적 기본권도 함께 수용함으로써 그것에 의해 복지정책을 정당화하고자 한다. 인간이 갖는 권리의 정도에 비추어 각자가 자기 방식으로 복지정책에 대한 입장을 대립적으로 제시하고 있는 셈이다. 어떤 길이 옳은가? 혹 둘 다 편협한 지평에 매몰되어 있는 것은 아닌가? 인간의 권리를 거론하는 것은 적절하지만, 그것만으로 인간의 삶을 규정하려고 해서는 안 된다는 것이 필자의 생각이다. 인간의 삶을 온전하게 살피려면, 개인에 초점을 맞추는 권리 인식과 더불어 공동체적 책임도 자각해야 한다고 본다.

권리는 의무와 상관적 짝을 이루는 것으로만 알려져 있다. 대체로 그렇다. 그러나 반드시 그런 것은 아니다. 한 가지 가상적 사례를 들어보자. 내가 늦은 밤에 집으로 귀가하고 있는 중인데, 어두운 골목 구석에서 한 여성의 비명소리가 들렸다. 어떤 여성이 치한으로부터 봉변을 당하는 상황임을 직감하게 되는데, 내가 취할 행위는 둘 가운데 하나일 것이다. 하나는 내 힘이 미치는 범위 안에서 힘껏 곤경에 처한 여성을 돕는 행보를 취하는 것이고, 다른 하나는 세상살이 바쁜 와중에 일일이 남의 일에 신경 쓸 계제가 아니고 또 관여라도 했다가 피해라도 당하면 나만 손해일 뿐이므로 모른 척하고 그냥 내 갈 길을 가는 것이다. 여기서 사회는 나에게 어떻게 하라고 요구할까? 도덕이 작동하는 건강한 사회라면, 도움의 손길을 외면하지 말고 도우라고 할 것이다.

그렇다면 나는 왜 타인을 도와야 하는지 묻지 않을 수 없다. 성경은 황금률*로 가르침을 주고 있다. 가령 곤경에 처한 여성이 나와 무관한 사람이 아니고 바로 나의 연인이거나 아내, 딸일 경우 지나가는 제3자 행인이 외면하면 좋겠는지 아니면 도와주기를 원할 것인지 묻는다고 하자. 상황이 바로 나와 직결된 것일 경우, 누구나가 지나가는 행인이 돕기를 원한다고 답변할 것이다. 성경은 그렇다면 "네가 대접받고자 하는 대로 남을 대접하

● **황금률 (golden rule)**

뜻이 너무 깊고 심오하여 인생에서 주옥 같이 귀하게 간직해야 할 잠언을 일컫는다. 도덕적 황금률은 서양 윤리학의 지평에서 가장 근간이 된 말인데, 예수께서 "남에게 대접을 받고자 하는 대로 너희도 남을 대접하라"고 한 가르침을 내세우고 있다. 철학자 칸트(I. Kant)는 성경의 이 말씀에 비추어서, 인간이 행위를 할 때 의지를 갖고 지켜야 할 도덕규칙은 시대와 장소를 초월해서 보편적으로 성립 가능한 바로 그런 것이어야 하는 바, 이를 준수하는 실천이성의 근본 법칙을 제시하였다.

라"고 가르치고 있으므로, 내가 그런 행위 유형을 원할 경우 나도 남에게 같은 유형의 행위를 하는 것이 온당하다. 이렇게 사회를 맑고 깨끗하게 유지하려면, 보편화가 가능한 도덕규범에 의거해야 한다. 바로 이런 도덕에 의해 나는 가능한 한 덕을 갖춘 행보를 취해야 한다.

이때 한 가지 더 묻고 들어갈 수 있다. 상황 속의 곤경에 처한 여성이 지나가는 행인인 나를 지목하여 도움을 받을 도덕적, 법적 권리가 있다고 할 수 있는가? 아마 없다고 해야 한다. 그러나 비록 그녀가 특징인인 바로 나를 지목하여 도움 받을 권리를 주장할 수는 없어도, 때 마침 그곳을 지나가는 길이기는 하지만 우연적 행인인 나는 곤경에 빠진 그녀를 도울 책임을 갖는다고 말하는 것이 가능하다. 즉 권리 없는 의무가 가능할 수 있다. 마찬가지로 환경파괴로 서식지를 잃게 될 생물 종의 일부(예, 수달)가 인간인 우리 각자나 또는 모두에게 도움을 받을 도덕적 권리가 있다고 말할 수는 없다. 그러나 그 종이 멸종 위기에 처한 것이라면, 우리는 그런 종을 보호할 책임이 있다고 말하는 것이 불가능하지 않다. 왜냐하면 인간은 지구 생물권의 일부를 구성하고 있고, 인간의 생존은 자연의 생명부양 체계가 갖는 건강성에 의존하며, 그리고 자연적으로 조성되는 생물종의 다양성은 지구의 생명부양 체계를 뒷받침하기 때문일 것이다. 여기서 확인할 수 있는 것은 사회 안에서 상대방이 내게 특정의 권리를 갖고 있지 않다고 해도 나는 그를 도울 의무를 지니는 것이 가능하고, 지구 안에서 특정 생물종이 인간에 대해 권리를 행사할 수 있는 입장에 있지 않다고 해도 인간은 멸종에 처한 생물종을 보호할 책임을 갖는다고 할 수 있다. 그런데 이것이 가능하려면, 나와 너, 우리는 사회라는 공동체의 일원이고 인간과 자연적 존재는 지구 공동체의 구성원이며, 공동체의 건강한 유지를 위해 책임 윤리ethics of responsibility가 요청된다고 해야 한다.

공동선의 복지정책

자유적 공동체주의는 연계적 자아와 공동선의 시각에서 복지정책을 조망한다. 자아에도 초점을 맞추는 만큼 개인의 권리에 근거해서 복지담론을 펼치는 것이 가능하고 또 그럴 필요도 있다. 그러나 그것으로 충분하다고 보면 진영논리에서 벗어나지 못하게 되어 서로 지루한 공방전만 펼치게 된다. 권리에 근거한 복지담론은 두 가지 점에서 문제를 드러낼 수 있다. 첫째, 보편적 복지를 주장하는 진보좌파의 진영은 복지적 권리를 매우 강조하고 있는데, 이것은 권리를 소극적으로 수용하는 보수우파의 진영을 설득하는 데 별 도움도 되지 않아서 양 진영 간에 평행선만 긋게 할 뿐이다. 둘째, 복지를 권리로 인식하게 되는 수혜자는 자신의 연계적 자아를 계발하는 일에 등한시하게 되어 사회적 존재감을 잃게 되는 비극에 놓이게 되고, 그런 사람들이 늘어나게 되면 사회 자체가 마침내 복지병에 걸리게 된다.

가장 바른 해법은 연계적 자아의 정치에 의한 공동선의 복지이다. 공동선은 사회 구성원을 고립과 무한경쟁으로 내모는 것이 아니라, 각자가 자아를 실현하면서 또한 동시에 모두가 협력해서 선을 이루도록 하는 데 있다. 필자는 공동선의 복지를 3단계로 설정하고자 한다.

1단계는 시장의 일자리 복지이다. 시장의 활성화와 경제민주화를 통해 구현되는 일자리가 노동능력이 있는 최대의 다수에게 돌아가도록 한다. 기본적으로 대기업은 곧고 바르면서 더욱 잘하게 하되, 일자리의 절대 다수를 차지하고 있는 중소기업을 중시해야 한다. 중소기업을 적극 지원하여 히든 챔피언*, 즉 강한 중소기업을 육성하여 대기업에 버금가는 양질의 일자리를 만들도

● **히든 챔피언 (hidden champion)**

경영학의 권위자인 독일의 헤르만 지몬(Hermann Simon)에 의해 출간된 저서 이름으로 베스트셀러의 반열에 올랐다. 이 말은 대중에게 별로 알려져 있지 않지만, 사업 각 분야에서 세계적인 경쟁력을 갖춘 숨겨진 중소기업을 뜻한다. 이 책에 의하면, 세계적 기술력을 갖춘 숨은 중소기업의 3분의 2가 독일어 사용 권역에 있다. 독일은 대기업과 중소기업이 균형을 이루며 상생관계에 놓여 있기 때문에 사회양극화 현상도 미약하고, 글로벌 금융위기 속에서도 EU 경제의 버팀목 역할을 하고 있다고 판단된다.

록 한다. 그리고 과로가 심한 우리나라의 기업구조를 개선해서 일자리를 나누도록 유도한다. 경제력이 탄탄한 독일의 연간 노동시간이 1,390시간인 데 비해 우리나라는 2,256시간으로 독일보다 3분의 1이 많다. 정부가 공동선의 나눔의 정신에 따라 과로를 줄여주는 일자리 나누기를 시행하면, 양질의 일자리 100만 개를 포함하여 400만 개의 일자리를 조성하는 것이 가능하다. 대기업 및 정부가 제공하는 400만 개 일자리와 중소기업이 만드는 2,400만 개 일자리가 있는 만큼, 여기서 400만 개의 일자리를 추가로 조성하는 것이 불가능하지 않다. 과로 없이 충분한 휴식을 취한 상태에서 생산현장에 임하면 제품의 질은 좋아지고 생산성이 증대되어 후속 일자리가 늘어날 수 있다. 이렇게 되면, 땀 흘린 노동을 통해 세금을 내는 사람이 많아질 뿐 아니라, 복지혜택을 받을 재원의 절약이 대폭으로 가능해진다. 병이 난 뒤에 치료비를 들이기보다 사전예방을 통해 치료비를 덜 쓰는 구조를 만드는 것이다. 정부가 인애와 공동체적 연대의 정신에 호소하여 실질적인 사회적 합의를 이끌어내는 절차를 거치고 제도적 시행의 결단을 내리면 그 구현이 가능해진다.

2단계는 사회적 약자의 일반적 복지이다. 인간은 누구나 최소한의 존엄한 존재로 살아갈 수 있도록 국가가 배려해야 한다. 가난하다는 이유로 영양공급이나 교육, 의료혜택을 받지 못하는 일이 없어야 한다. 노동능력이 없는 유아나 교육을 받는 청소

년층, 노동능력을 상실한 노년층 모두가 따뜻한 사회복지 혜택을 일반적으로 누릴 수 있어야 한다. 더 나아가 실업상태에 놓인 분들도 재취업 전까지 일정한 복지혜택을 받아야 한다.

3단계는 공동선의 일자리 복지이다. 사회복지 정책에서 가장 큰 문제는 노동 능력이 있는데 경제시장이 수용하지 못해서 실업상태에 놓인 분들을 어떻게 대우하느냐에 있다. 여기서 공동선의 복지는 선별적 복지나 보편적 복지와 차별화되는 지평에 이르게 된다. 우선적 조치는 경제와 무관한, 그러나 공동선의 실현을 위한 일자리를 국가와 지역사회가 만들어서 제공하는 것이다.

잘 알려져 있듯이 한국 사회의 자살률은 세계 최고이고, 학교폭력은 심각한 지경이다. 이때 이런 문제까지도 함께 원리적으로 해결할 방도가 있다. 예컨대 2011년에 〈나는 가수다〉라는 방송 프로그램이 선풍적인 인기를 끌었는데, 여기서도 느낄 수 있듯이 감동적인 음악을 사랑하는 아이들이 폭력적일 수 없다. 2011년 기준으로 음악 교사 1인당 학생 수는 448명이다. 학교 인근 지역사회의 주민들 가운데서 음악을 전공한 협력교사 10여 명 정도를 채용한다고 가정하자. 성악이나 바이올린, 피아노 등을 전공하였는데, 교회 성가대에 설 뿐 전공분야 직업을 갖고 있지 않는 훌륭한 분들이 적지 않다. 이분들을 교육의 장으로 초빙해서 학생들에게 합창이나 협력적 연주 연습을 통해 조화롭게 어울리는 마음가짐과 버릇을 갖도록 하는 것이다. 심성 맑아진 아이들에게서 폭력이 발생할 리 만무이고, 그리고 협력교사는 일을 통해 소득을 올릴 뿐만 아니라 자아의 정체성에 따른 사회적 존재감을 갖게 된다. 하나의 사례로 든 것이지만, 체육이나 요리 분야로도 확장하고, 더 나아가 마을의 여러 일로도 물결 파장 일으키듯이 확장하는 것이다. 이런 방식이 3단계에서 이루어지는 공동선의 일자리 복지인데, 시장이 필요로 하지 않지만 공동체가 요청하고 정부가 주도하여 만들어 내는 일자리이다. 실업은 최소화가 되며, 아름다운 이야기를 현실로 옮기는 것이 가능할 수 있다.

몬드라곤 공동체 등의 사례에서 살펴볼 수 있는 것처럼, 3단계에서 출현한 사회적 일자리 가운데 일부는 시장에 대한 적응력을 키워서 그곳으로 진출토록 유도하는 것도 적극 강구되어야 한다. 예컨대 지역사회가 패스트푸드에 맞서서 지역 산물을 즉시 가공해서 내놓는 로컬푸드local food는 몸에도 좋을 뿐 아니라 시장 경쟁력도 있다. 이런 분야는 지역사회의 아이들 건강에 좋은 것이기 때문에 인애와 공동선의 정신으로 사업이 펼쳐질 수 있도록 국가의 지원을 받게 되지만, 특성화 여부에 따라서는 관광객의 호응을 얻는 등 지역경제 활성화에도 능동적으로 기여할 것이라고 볼 수 있다.

영국식 복지병 극복의 공동선 복지

공동선의 정책은 보수우파가 수동적으로나마 선호하는 선별적 복지, 즉 개개인의 자산과 소득에 대한 조사를 통해 복지 수급자의 대상을 일부 계층으로 선별하는 정책과 확연히 다르다. 양자는 1단계를 공유하지만, 공동선 복지는 2단계로 진입하면서 차이를 드러내고 또한 3단계까지 제시하기 때문이다. 공동선의 복지는 진보좌파가 선호하는 보편적 복지정책, 즉 경제적 능력과 무관하게 혜택에 대한 욕구가 승인되면 모든 국민에게 복지급여를 제공하는 정책과 차별화된다. 보편적 복지정책은 1단계를 거쳐 2단계에서 머무르게 되지만, 공동선의 복지는 3단계를 시행한다는 점에서 차이를 드러낸다. 그런데 바로 이 지점에서 진보좌파의 복지정책은 복지병에 걸릴 수 있는 소지가 높은 반면, 공동선의 복지는 그럴 가능성을 최소로 줄인다는 데 있다. 그 차이를 살펴보자.

현재 민주당은 2012년 4.11총선에 대비하여 3+3의 복지정책 공약을 밝힌 바 있다. 전자의 3에는 무상으로 이루어지는 급식과 보육, 의료 분야가 들어간다. 그런데 후자 3에는 반값 등록금만이 아니라, 취업준비 청년에게 월 25만 원씩 연간 300만 원을 4년까지 1,200만 원의 생계비를 지원하고, 군 복무자의 사회 복귀 지원금을 매월 30만 원씩 적립하는 사항이 들어가 있다. 일단 이런 방식의 현금지원은 상당한 규모의 예산을 필요로 한다. 그런데 필자와 같은 공동체주의자가 제기하는 바는 청년들이 취업보다 연금에 관심을 갖게 되어 일자리 찾기에 소극적일 수 있다는 점이다. 기댈 만한 부모가 있다면 그냥 얹혀살고자 할 것이고, 4년이 흐르면서 나쁜 버릇이 들 수 있기 때문이다. 공동선의 복지는 일자리를 통해 얻는 임금에 대해 관심을 갖지만, 그것만큼이나 일을 통해 느끼는 노동의 즐거움과 연계적 자아의 성취감을 중시한다. 공동체 구성원 각자가 자신에게 어울리는 고유한 일을 하는데, 이로 인해 사회적 존재감을 느끼고, 동료와 이웃이 그 일을 잘하는 것에 대해 아낌없이 박수갈채를 치게 된다면, 다소 임금이 적더라도 무척 기쁜 일일 것이다. 그런데 이런 것은 노동의 여력이 있는 분들이 노동을 직접 함으로써 얻게 되는 것이지, 혹시라도 복지 혜택으로 빈둥거릴 때 얻는 것은 아닐 것이다. 우리가, 사회적 약자에 대해 인애와 평등의 태도를 취한다고 하더라도, 연계적 자아의 사회성을 자각하지 못함으로써 펼치게 될 보편적 복지정책은 영국병을 초래할 수 있다고 여겨진다.

오늘의 우리 사회는 역동적이어서 활력이 넘치는 측면이 있지만, 내적으로 성찰하면 적지 않게 문제를 지니고 있음도 고백하지 않을 수 없다. 사회적 약자는 이리 치이고 저리 치여서 그 삶이 고달프기 그지없다. 이제 사회적 약자도 세상에서 아름다운 삶을 누릴 수 있도록 국가가 인애와 평등의 정신으로 적극 배려해야 한다. 다만 우리가 정말로 유념해야 할 점이 있다. 누구나 삶의 의미를 온전하게 느끼는 경우는 각자가 자신에게 고유한 일을 하면서 주변의 타인으로부터 그 일을 잘하고 있다는 격려를 받을 때이다. 자유 시장에서 그런 존재감을 느끼는 것이 우선이다. 다음으로 시장이 받치지 못하더라도 공동체 사회의 배려 속에 그런 역할을 맡아서 행하는 것이다. 국민 모두는 자신들이 살아있다는 공동체적 존재감을 느끼게 된다. 그리고 어리거나 나이가 너무 들어서 노동 능력을 갖추고 있지 못할 때도, 인간나운 존엄을 잃지 않도록 사회적 배려를 받아야 한다. 공동선의 복지는 인간의 영혼을 맑게 정화하고 일깨우는 정책이다.

공동선과 교육정책

흔히 "교육은 국가의 백년지대계百年之大計"라고 한다. 한 나라의 교육정책은 백 년이라는 긴 세월을 염두에 두면서 멀리 내다보는 것으로 기획되고 집행되어야 한다는 뜻이다. 물론 과거와 달리 현대는 사회가 급변하면서 요동을 치기 때문에, 변화하는 추세에 맞추어 교육의 세부 내용도 이에 발맞추어 쫓아가야 할 것임은 두 말할 나위가 없다. 이런 경우에도 구체적 지식을 취사선택해서 조율하고 아우르는 교육의 지침과 원리, 방법은 큰 틀에서 일관되어야 하기 때문에 여전히 교육은 자아를 계발토록 하면서 또한 사회를 건강하게 유지하는 것으로서 장기적 안목에서 시행되어야 한다.

교육 난맥상의 원인

세상을 널리 이롭게 하는 근원적 교육관에 비추어 볼 때, 한국의 교육은 방향과 갈피를 잡지 못한 채 온탕과 냉탕을 오가는 형세로 시행되고 있다. 진보 진영이 정권을 잡을 경우, 평등주의 가치를 중시하는 만큼 평등교육이 강화되는 반면, 보수 진영이 정권을 운영할 경우 어설프게나마 자유주의의 가치를 쫓느라고 자유 경쟁을 내세우면서 성적에 따라 학교와 학생의 서열화를 분명하게 느러낸다. 지금까지는 교육정책이 난맥상을 보여도 국민의 교육열이 타의 추종을 불허할 정도로 압도적이었던 만큼 그 단점과 폐해를 극복할 정도로 국력 신장에 기여해 왔다. 그래서 한국전쟁의 폐허 위에서 단기간에 산업화와 경제성장, 민주화까지 성취했다. 선진국 클럽인 OECD에 가입하게 되었고, 이로써 선진국 문턱에 진입하게 되었다. 그러나 열정이 넘치는 한국인의 교육열도 이제 21세기 초에 그 추동력의 한계를 드러내는 지경에 이르렀다. 문제는 활기찬 교육열 때문이 아니라, 교육제도와 내용, 방법이 갖는 단점과 부조화, 부적합성 때문에 사회발전의 한계에 이르게 되었다고 보아야 한다.

우리나라의 교육은 이성적 능력을 평가하여 1등부터 꼴찌까지 한 줄로 세우는데, 경쟁이 최우선인 탓에 매우 영악스러운 도구적 이성의 습득 위주로 시행되고 있다. 경제시장에서 작동되는 우승열패優勝劣敗, 즉 우월한 자는 살아남고 열등한 자는 패배자로 도태되는 방식이 사회 전반으로 파급되면서, 이것이 학교 현장에도 도입되어 교육의 건전성을 해치는 양상으로 전개되고 있는 것이다.

특히 교육에도 예외 없이 적용되는 개인주의적 자유주의가 문제를 더욱 깊게 만들고 있다. 자유주의는 이성을 지닌 인간이 선택적 상황에서 자유로운 결정을 내리고, 그에 따라 자기 책임을 지는 사조이다. 개인주의는 사회라는 전체가 더 이상 분할될 수 없는 개인들의 단순 집합체일 뿐이라고 보아서 독립적 개인이 타인과 무관하게 자신의 행위를 하는 것이 당연하다고 보는 사조이다. 양자가 결합된 개인주의적 자유주의는 자아를 고립적 자아isolated ego, 무연고적 자아로 조성하는데, 시장주의가 만연된 경쟁 사회에서 교육정책 역시 고립적 자아를 양산하여 무한경쟁으로 내몰게 된다. 결국 사회 곳곳에서 이긴 자는 승리를 거머쥐지만 패배한 자는 뒤로 밀려나면서 점차 도태의 길을 걷게 된다. 출세를 위해 또는 몰락을 피하고자 수단과 방법을 가리지 않게 되는데, 이로써 사회 곳곳에서 부정과 부패, 경쟁과 배신, 반칙과 사기의 독버섯이 자라게 된다. 문제는 이런 병리 현상을 치유하는 데 교육이 효과적 역할을 해야 함에도 불구하고, 오히려 이를 부추기는 데 기여를 하고 있다는 점이다. 한마디로 말하면, 교육이 빗나가고 있다고 해야 할 것이다.

교육의 사회적 한계

한국의 교육이 강점을 갖고 있음에도 불구하고 적지 않은 약점도 드러내고 있는데, 이로써 야기되는 교육의 사회적 문제를 네 가지로 거론할 수 있다. 첫째, 초중등 교육 현장에서는 많은 지식을 암기식으로 습득하도록 하고, 고등 교육기관인 대학에서는 입학을 원하는 대다수가 들어가서 학문 탐구를 매우 소홀히 해도 지장이 없는 풍토를 형성하고 있는데, 이로써 학력 인플레에 따른 사회문제를 초래하고 있으며 또한 노벨상 수상이 가능한 창의성 지식 탐구 수준에는 미치는 못하는 한계를 드러내고 있다.

둘째, 이성적 지식, 그것도 영어와 수학 등 몇 가지 지식을 집중적으로 습득하는 데 주안점을 두게 됨으로써 학생들이 갖고 있는 각자의 재능talent 상당 부분을 사장시키는 비극을 초래하고 있다. 예컨대 어떤 학생은 인간의 좌뇌가 주로 담당하는 언어와 수리 분야에 재능이 있지만, 또 다른 학생은 우뇌가 담당하는 예술이나 창의성 분야에 뛰어날 수 있다. 또 어떤 학생은 감성이 풍부하기도 하고 또 다른 학생은 도덕성이나 영성에서 좋은 평가를 받는 경우도 있다. 문제는 개인주의적 자유주의가 짙게 드리워진 사회적 여건 속에서 도구적 이성을 강화하는 교육이 주로 시행됨으로써 다른 재능을 가진 학생들의 능력이 피어나지 못한 채 사장되는 경우가 빈번하게 발생한다는 데 있다.

셋째, 도구적 이성 중심의 교육과 그에 따른 사회적 보상(명문 교육기관 합격과 대기업 취업 등)이 집중되는 사회에서 이런 유형의 목표 도달에 좌절을 겪는 학생들의 반교육적 행태가 갈수록 늘어감으로써 사회문제로 비화하고 있다. 예컨대 학교 현장의 대다수 교육자들은 영어와 수학에 뛰어난 재능을 보이는 소수의 학생들에게 아낌없는 찬사로 격려하고 있는 데 반해, 이와 다른 재능을 가진 학생들에게는 거들떠도 보지 않으면서 구박과 멸시의 태도를 보이는 행태가 바로 문제이다. 이로써 가정이나 학교, 사회에서 자신의 고유한 존재감을 느끼지 못하고 고독감에 휩싸여서 자살을 선택하는 학생과 정신질환을 앓는 학생, 폭력을 행사하는 길로 들어서는 학생들이 늘어가고 있는데, 이런 사태 전개는 매우 가슴 아픈 일이다. 학교폭력이 격화되고 있는 현실은 더욱 암담하다고 할 수 있다. 2010년도 전국학교폭력실태조사에 따르면, 학교폭력이 '심각하다'고 생각하는 학생들(38.1%)이 '심각하지 않다'고 여기는 학생들(18.1%)에 비해 두 배 이상 높은 것으로 나타났다. 그 내용도 신체폭행(25.8%)과 집단 따돌림(21.2%), 괴롭힘, 금품갈취 등의 순서로 나타나서 그 양상이 매우 우려스러운 것으로 드러나고 있다. 이와 같은 비극적 사태는 구조적으로 학생들을 성적상의 경쟁으로 내모는 학교 교육의 야만성에서 비롯되는 것이라고 하지 않을 수 없다.

넷째, 우승열패의 경쟁적 이기심을 부추기는 교육으로 인해 도덕성은 공허한 것으로 변모되고, 이로써 우리 사회의 공동선의 실현은 난망한 지경에 이르게 된다. 통상 인간이 저지르는 범죄와 부도덕성은 그릇된 사회제도와 개인의 특성에서 비롯되는 측면이 강하지만, 그 배후에는 도덕성 교육의 실패에서 기인하는 점도 있음에 유념할 필요가 있다. 심지어 친족을 상대로 한 범죄가 늘어나면서 심각한 양상으로 전개되고 있다는 것은 그 단적인 사례라고 할 것이다. 우리나라에서 2007년 한 해 동안 친족을 상대로 한 범죄가 2만1천 건에 달했는데, 이 가운데 폭행 등의 강력범죄가 70%에 이르고 있음을 말해주고 있다. 청소년이 저지르는 대부분의 사건이 물질 만능주의 풍토와 분별없이 문란한 성문화, 그릇된 사회제도에서 기인하지만, 친족 대상의 범죄에서 보듯이 인간 개인의 도덕성 마비와 이기심 증폭이 근원적임을 부정할 수 없다. 늦었더라도 교육 현장에서부터 인성을 바르게 하는 교육이 제 역할을 함으로써 반인륜적 사회문제가 최소화되고 미덕이 흘러넘치는 사회를 조성할 수 있도록 혁신되어야 할 것이다.

교육과 정치철학

우리 사회가 선진국 문턱에서 성숙한 사회로 발돋움을 하려면, 사회제도와 의식구조가 혁신되어야 한다. 도덕적으로 성숙하고 정신적으로 풍요로우며 물질적으로 부족하지 않은 사회가 되도록 해야 한다. 그리고 이것이 지속되고 근원적으로 가능하도록 하려면, 교육제도와 내용이 반듯해야 한다. 뿐만 아니라 도덕이 학교 현장에만 유폐된 채 버려져야 하는 것이 아니라, 진정한 의미에서 사회가 맑아지는 데 적극 기여하는 산실이 되어야 한다. 이로 인해 도덕의 정치화, 즉 도덕정치도 조성되어야 한다.

새로운 사회의 정치철학은 무엇이고, 그에 따른 교육정책은 무엇이어야 하는가? 세계사적으로 제1정치 세력을 형성하고 있는 보수우파는 자유주의의 가치를 최우선으로 내세우고 있다. 특히 한국에 이식된 자유주의는 자본주의와 신자유주의적 세계화, 미국의 지대한 영향으로 인해 개인주의적 자유주의로 점철되어 있다. 이로써 경쟁 구도에 내몰린 학교와 경제 시장의 인간은 모두 고립적 자아, 무연고적 자아로 간주되고, 누구나 입시와 취업, 생존 현장에서 갖은 수단을 사용해서라도 승리하도록 부추김을 당하고 있다. 이것이 교육의 영역에서도 작동되어 우리 현실을 참담하게 만들고 있다. 여기서 얻을 해법의 지혜는 개인주의적 자유주의를 넘어서야 한다는 것이고, 그럼으로써 경쟁하는 고립적 자아의 지평에서 벗어나야 한다는 점이다.

새로운 사회의 정치철학이 제1정치의 철학을 넘어서고자 할 때 제2정치 세력의 철학으로 이행해야 하는 것으로 비춰진다. 그것은 진보좌파의 것인데, 간단히 말해서 사회적 평등주의 가치를 중시해야 하는 것으로 볼 수 있다. 한 부분으로 자유가 소중한 것처럼, 냉엄한 현실 사회에서 형식적 평등을 넘어서서 실질적 평등이 가능한 한 구현되도록 하려는 시도 역시 바람직한 것으로 평가할 수 있다. 그러나 평등주의 가치관은 그동안의 역사가 보여준 바와 같이 교육과 사회의 평준화를 도모할 수 있지만, 각 개인이 갖고 있는 고유한 자율성을 도외시하는 탓에 하향평준화로 미끄럼을 타게 되고, 그에 따라 사회의 활력을 떨어뜨리는 단점을 노출시킬 뿐만 아니라 또한 사회를 따뜻하게 조성하는 데도 실패한다. 결국 새로운 해법은 제1정치와 제2정치의 지평을 넘어서는 제3정치 지평에 이르지 않고서는 불가능하다고 판단된다.

제3의 정치철학의 관건은 개인의 고유한 자율성을 존중하고 실질적 평등의 가치가 최대한 반영되도록 하되, 무엇보다도 세상을 이롭고 따뜻하게 하는 인애와 공동선의 가치가 부상할 수 있도록 하는 데 있다. 그것은 인애의 가치로 세상을 포근하게 감싸 안으면서 자유와 평등이 중용에 의해 조화를 이루도록 하는 3차원의 정치철학이다. 교육정책도 같은 철학에 의해 펼쳐져야 한다.

연계적 자아의 교육정책 원리

제3의 자유주의적 공동체주의는 인간을 연계적 자아로 파악한다. 연계적 자아는 자아로서의 고유한 자율성을 갖지만 또한 연계성을 유지하기 때문에 역사성을 띠면서 동료 사회 구성원과 유기적으로 연결되어 있는 존재이다. 인간은 누구나 각자의 재능, 즉 달란트를 갖고 있어서 타인과 다르게 자신에게 고유한 자아를 실현할 삶의 목표를 갖게 된다. 그런데 또한 인간은 나 홀로 고립되어 살아가는 존재가 아니라 사회 구성원과 함께 삶을 영위하는 공동체의 연계적 존재이다. 이때 나다움을 지닌 고유한 자아가 타인과 어떻게 관계를 맺을 것인지에 대해 성찰하게 된다. 사심이 이끄는 대로 나에게만 이익이 되는 방식으로 타인을 도구로 영악지게 이용하는 관계를 맺을 것인지, 아니면 양심이 요구하는 바에 따라서 선의로 대할 것인지, 두 가지 유형의 지평이 펼쳐지게 된다. 이때 세계의 보편종교는 사랑과 인, 자비의 자세로 대할 것을 가르치고 있다. 윤리학도 마찬가지이다.

이제 도덕은 교과서의 지식으로 유폐되어 사장될 것이 아니라, 세상을 바꾸는 사회제도 개혁의 원리적 지침이 되어야 한다. 바야흐로 도덕정치가 만개해야 한다. 마이클 샌델 교수도 미국 사회가 빗나가는 현실을 애석해하면서 도덕의 정치철학이 피어나야 함을 역설하고 있는 것처럼, 한국 사회도 전면적 개혁이 요구되는 역사적 기로에 놓여 있다고 할 것이다.

자유적 공동체주의는 개인의 연계적 자아가 고유성을 구현하면서 또한 미덕에 따른 행위가 파장을 그리면서, 갈수록 커지게 하여 공동선을 구현하고자 한다. 이런 관점에서 교육관도 형성하고, 그에 따라 교육제도를 조성할 수 있다. 제3정치의 교육철학은 이성reason을 중시하되, 그것이 감성 및 영성과 조화롭게 연결되도록 인도한다. 이성 만능의 교육은 세상을 냉철하게 보는 이점을 제공하지만, 가슴을 따뜻하게 덥혀 줄 감성과 연루되지 않는 한 자갑고 냉성하게 만들 뿐이다. 감성sensibility은 열정으로 인간을 추동하는 연유로 사람을 살아 숨 쉬는 생생한 존재로 만들어준다. 영성spirituality은 인간을 지극히 경건하게 만들면서 초월자에 대한 믿음을 갖게 하고, 이웃을 배려하게 하며, 자연의 생명력에 대해 겸손한 자세를 갖도록 해준다.

자유적 공동체주의는 개인이 실현하려는 자아와 사회가 구현하려는 공동선이 일치되도록 조화롭게 인도하고자 한다. 이런 조망 속에서 교육의 목표는 지혜를 갖도록 하는 것이되, 사회에 아름다운 덕목이 흘러 넘쳐서 기쁨과 행복이 가득한 세상을 조성하는 데 있다. 그렇다면 교육의 내용은 도구적 이성을 키우는 것으로 변질되지 않도록 해야 한다. 오히려 굼벵이도 구르는 것에 관한 한 최고이므로 그 고유성의 지평을 펼쳐주고 그것을 잘 실현하는 데 대해 아낌없는 박수갈채를 보내야 한다. 영어와 수

학을 잘하는 학생은 학생대로 칭찬과 영예를 누리도록 해야 한다. 그러나 음악에 재능이 있는 자, 미술에 소질이 뛰어난 자, 각종 체육에 뛰어난 자도 그렇게 대우를 받아야 한다. 뿐만 아니라 다른 능력은 볼품이 없지만 따뜻한 마음씨를 갖고 있어서 무거운 짐을 들고 가는 할머니를 보면 곧바로 달려가서 거들어 주는 학생도 찬사와 명예를 받아야 한다.

각자가 자기에게 맞는 고유한 달란트를 완성하는 데 차질이 없도록 사회가 교육을 통해 배려해야 한다. 물론 각자의 개성은 그가 처한 역사와 문화, 그리고 타인과의 관계성 속에서 이룩되는 것임에 유념할 필요가 있다. 결국 사회적 맥락 속에서 고유한 자아가 실현되는 것이므로, 사회적 존재 누구나 소중하지 않은 이가 없고, 그에 따라 특징적 대우를 받음으로써 사회적 존재감을 느끼게 될 것이다. 공동체적으로 고유한 존재감을 느끼는 사람은 누구나 세상이 살 만한 것임을 체득하게 되어 정신적으로 만족을 느끼는 행복의 지평에 이르게 될 것이다. 마찬가지로 인간은 문화적 존재로 사회적 삶을 영위하지만 또한 생태적 존재로서 자연의 생명부양 체계에 의지하며 살기 때문에 생명애호심으로 자연을 대우하면서, 그 혜택을 가득 누릴 수 있어야 한다. 이런 사회에서 고독과 왕따, 자살은 발을 붙일 여지가 사라지게 된다. 환경재난도 수그러들 것이다. 교육이 펼쳐야 할 이상이 바로 여기에 있다고 할 것이다.

창의성과 덕성 교육

교육방법에 대한 성찰도 긴요하다. 인간은 정보 내용을 명제에 담아 전하는 명제적 지식도 필요로 하지만, 방법적 지혜know-how wisdom도 중요한 것으로 체득해야 한다. 통상 명제적 지식은 교과서로 집필된 내용을 습득하는 것에 맞춰지게 된다. 기존에 알려진 지식을 교사가 정리된 형태로 전하면, 학생은 이를 기억하거나 찾아낼 수 있어야 한다. 선대로부터 경험적 축적을 통해 알려진 합리적 내용을 명세적 지식의 형태로 수용하면 된다. 그러나 방법적 지혜가 필요한 경우가 많다. 왜냐하면 우리가 사회에서 직면하는 각종 문제 상황에서 옛 지식을 통해 해결할 수 있는 것들도 적지 않지만, 새로운 유형의 문제에 부딪혔을 때는 창의적 지혜로 풀어야 하는 경우도 발생하기 때문이다. 결정적으로 중요한 것은 바로 이 지평에서 해결에 이르게 된다. 그리스의 철인 소크라테스*는 문답법을 구사하는 형태로 창조적 사고의 지평으로 나아가는 길을 보여주었다. 이것은 사실 정보를 전해 받듯이 습득할 수 있는 것이 아니라, 마음의 눈으로 느껴서 구사해야 하는 것이다. 우리나라의 교육현장에서 교사는 주로 칠판에 학습내용을 적어 알려주는 데 주력하는 편인데, 이것은 명제적 지식을 단순히 전달하는 방식이다. 그런데 하버드대의 마이클 샌델 교수가 학생들과 호흡하며 강의를 하는 데서 엿볼 수 있는 것처럼, 방법적 지혜는 정보와 의견이 교수와 학습자 사이에 오고가는 과정에서 무엇인가 새로운 것을 스스로 찾아내거나 깨닫게 되는 방식이다. 교수나 교사가 적시하는 형태로 일러주지 않았지만, 학생들이 나름대로 깨달음을 얻었다면 방법적 지혜를 터득하는 도상에 올라선 것이다. 이런 교육을 받는 과정에서 창의적 사고가 지속적으로 싹트면, 그 가운데서 마침내 노벨상도 수상할 만한 학설을 내놓는 사람들이 배출될 것이다.

인애의 자유적 공동체주의가 제시하는 교육의 기본 목표는 연계적 자아의 자기실현과 공동선의 구현에 초점이 맞추어져 있다. 이를 위해서 교육은 공동체가 무엇을 중요한 가치로 설정하여 추구하는지를 분별하는 선에서 명제적 지식과 방법적 지혜를 나누고 체현할 수 있도록 해야 하며, 무엇보다도 덕을 갖추는 방식으로 인성을 연마토록 해야 한다. 이성을 주축으로 감성과 영성이 균형을 이룰 수 있도록 교육이 조화롭게 이루어지되, 덕성德性이 가정과 학교, 사회의 현장에서 좋은 버릇으로 습득되는 과정을 상시적으로 거쳐야 한다. 이렇게 해서 덕과 지혜를 갖춘 사람들이 점차 많아진다면, 그런 사회는 행복이 선순환을 이루는 공동체의 새 지평으로 진입하게 될 것이다.

공동선과 환경정책

인류에게 환경과 관련된 사안이 환경위기environmental crisis로 인식된 시기는 1970년을 전후로 한 때이다. 선진국을 비롯하여 산업화가 점차 구체화된 나라에서는 환경 사안이 초기에 공업단지 인근서 벌어지는 국지적인 공해문제로 나타났다. 그러나 산업화가 전 세계로 확산되던 20세기 중후반 무렵에 그것은 전 지구적인 환경문제로 인식되었다. 도시의 지속적 확장과 공단의 증설로 인해 생태계가 파괴되기 시작했고, 생물종의 다양성이 급속히 약화되고 있었으며, 온실가스 과다 배출에 따라 지구온난화가 점차 가시화되고 있었다. 맑고 깨끗했던 대기와 수질, 토양이 본격적으로 오염되기 시작했다. 크고 작은 재난으로 인해 사망에 이르는 사람들이 늘어났고, 환경성 질환에 노출되는 빈도가 무척 높아졌다.

환경정책과 환경권

1962년에 레이첼 카슨*이 집필한 『침묵의 봄』은 미국 사회를 충격으로 몰아넣었다. 그것은 인류가 만들어 낸 농약 등의 화학 약품이 자연을 병들고 죽게 함으로써 향후 인류가 봄을 맞이했 지만 새도 우짖지 않는 암울한 계절을 맞이하게 될 것임을 예고 하였다. 20세기 이전에는 매우 드문 질병인 암이 현대인에게 높 은 빈도로 찾아오는 연유가 농약 등 화학약품의 분별없는 사 용에서 비롯되고 있다는 깃을 전한 이 저서는 미국의 정책 판도 를 뒤흔들어 놓아서 마침내 환경정책을 본격적 궤도로 올려놓기 에 이르렀다. 환경 관련 법률을 체계화한 미국의 국가환경정책법 NEPA이 당시 닉슨R. Nixon 대통령의 서명에 의해 1970년에 발효되었 고, 이 법안에 의해 정책을 펼칠 연방 환경청EPA이 같은 해에 발

● **레이첼 카슨 (Rachel Carson, 1907~1964)**

미국의 여성 해양 생물학자로서 1962년에 『침묵의 봄(Silent Spring)』이라는 저서를 출간해 서 세상을 발칵 뒤집어 놓았다. 그녀는 1958년에 한 여성으로부터 자신이 소중하게 여기는 한 작은 세계에서 생명이 점차 사라져 가고 있다는 슬픈 사연의 편지를 받은 것이 계기가 되어 수년간 미국 전역을 조사한 뒤에 책을 펴냈다. 이 책은 DDT와 같은 화학약품이 출현 하여 남용되면서 생명이 죽어가고 있는 현실을 고발하고 있다. 20세기 이전에는 거의 찾아 볼 수 없던 소아의 각종 암(백혈병 등)도 화학약품이 유포되면서 나타나기 시작한 것임을 전 하고 있다. 책 출간 당시 농약회사와 관련 과학자들로부터 그녀의 학설은 과장으로 일관된 낭설이라는 비난을 받았지만, 세월이 지나면서 그녀의 말이 대체로 진실이었음이 밝혀졌다.

족되었으며, 이런 일련의 조치는 유럽의 정책에도 영향을 끼쳤다. 바로 그해 4월 22일에 뉴욕 맨해튼에서는 수천 명의 시민이 거리를 점거하고 위기에 처한 지구를 구하자는 캠페인을 벌였고, 이후부터 그날을 '지구의 날'로 지키기 시작했다. 그리고 이런 위기감이 고조되는 가운데 공적 기구로 구성된 국제사회도 화답하게 되었는데, 1972년 6월 5일에 스웨덴의 스톡홀름에서 첫 번째의 대규모 국제환경회의인 UN인간환경회의가 개최되었다. 역시 대회 개막일을 '환경의 날'로 지정하여 오늘날에도 그 정신을 계승하려 하고 있다.

우리나라도 1960년대에 산업화를 도모하면서 형식적으로나마 환경재난을 겪고 있던 선진국의 법률을 좇아서 1963년에 공해방지법을 제정하였고, 1977년에는 이것을 환경보전법으로 대체하였는데, 이즈음 환경문제의 실상을 조금씩 체감하기 시작했다. 그리고 마침내 오늘날 환경부의 전신에 해당하는 환경청이 1980년에 발족되었다. 그리고 바로 이 시기에 전두환 군부정권의 등장을 받쳐주는 헌법이 제정되었는데, 여기에 환경권environmental rights 조항이 처음 들어가게 되었다. 이후 1987년에 민주화 항쟁으로 사회가 민주주의 단계로 진입하면서 현행 헌법이 마련되었고, 환경권 조항은 그대로 계승되었다. 현행 헌법 제35조 1항은 "모든 국민은 건강하고 쾌적한 환경에서 생활할 권리를 가지며, 국가와 국민은 환경보전을 위하여 노력하여야 한다"고 명기하고 있다.

환경위기의 진짜 원인

그렇다면 1970년대 이후 40년이 넘도록 미국과 국제사회, 그리고 우리나라가 환경 관련 법률에 의해 정책을 펼치기 시작하면서 환경재난은 수그러들면서 위기감을 점차 해소하고 있다고 볼 수 있는가? 이에 대한 답변은 '그렇다'가 아니라, 오히려 문제를 지속적으로 키우고 있는 과정이라고 말해야 한다. 왜 그런가? 가장 중요한 것 두 가지만 분별하겠다. 첫째, 경제적 가치가 최고이고 환경적 가치는 부차적이라는 인식 속에서 정책을 시행하기 때문이다. 둘째, 우월한 인간이 물질에 불과한 자연을 통제하고 관리한다는 지배적 세계관을 견지하는 선에서 문제 해결에 임하기 때문이다. 이를 좀 더 자세히 살펴볼 필요가 있다.

미국과 유럽, 신흥 개도국 등은 각기 나름대로 환경정책을 펼치면서 환경문제 해결에 참여하고 있다고 주장한다. 김대중 정부는 국제사회의 흐름을 다소 반영하여 지속가능발전위원회를 대통령 자문기구로 설정하는 정도였고, 노무현 정부는 사회개혁에 치중한 나머지 환경사안을 뒷전으로 미뤄놓은 편이었다. 이명박 정부는 오히려 녹색성장이라는 요란한 구호를 내세우면서 4대강 사업을 펼치고 있고, 원자력발전도 녹색 에너지의 일환으로 치장하고 있다. 비슷한 맥락에서 미국은 1992년에 브라질 리우에서 개최된 UN환경개발회의에서 기후변화협약에 서명을 하고서도,

그것의 구체적 실천 지침인 교토의정서에는 서명을 거부하였다. 미국 등 대다수 나라들은 경제적 가치를 가장 우선시하면서, 경제에 도움이 될 경우에 한해서 환경문제에 관심을 갖고 정책으로 추진하지만, 그렇지 않을 경우 가능한 한 외면한다는 점이다. 이명박 정부는 한술 더 떠서 돈이 창출되는 대규모 개발사업을 녹색으로 약간 치장을 하는 정도만으로 녹색정책이라고 강변하였다.

현재까지 국가와 국제사회의 환경정책이 실효성을 거두지 못하고 있는 진짜 이유는 경제 영역의 최고 가치가 다른 영역, 예컨대 환경 영역에서도 지배적 가치로 등극하고 있다는 데서 찾을 수 있다. 어떤 나라도 자연 자원을 보다 많이, 보다 빠르게 확보하여 물질적 경제성장의 지표를 키우려는 데 주안점을 두고 있다. 그런데 이렇게 접근하는 한, 지구의 자원 고갈이 초래되고 그 생명부양 체계는 더욱 취약해질 것이다. 가렛 하딘이 언급한 바와 같은 공유지의 비극이 덮칠 공산이 점차 커지고 있다. 인간의 문화가 자연에 대해 균형적 상관성의 자세로 다가가는 것이 아니라, 우열의 지배적 가치 체계로 접근하는 한 환경재난은 점차 위기로 증폭될 수밖에 없을 것이다.

사회가 자연을 인간의 목적 달성을 위한 도구로 간주하여 적극 이용하고자 하는 접근은 사회와 자연의 관계를 파탄으로 귀결짓게 될 것이다. 이런 태도가 조성된 연유는 인간과 자연이 분리되어 있다는 이원론과 우열에 따른 지배논리 때문이다. 개인주의를 초래한 개체론적 방법으로 지구 자연을 조망할 때 형성되는 것이 인간과 자연을 둘로 분리하는 이원론이다. 여기에 인간의 자연 지배적 가치관이 보태졌다. 이렇게 되면 지금까지 형성된 자연과 인간의 상생 틀은 깨져버리게 된다. 따라서 생태위기를 극복하기 위해서는 가치관과 정책적 해법을 달리하는 패러다임의 전환이 요구된다.

생태사회와 덕의 윤리, 지구적 공동선

자연의 진화 과정에서 솟구친 인간의 문화는 자연에게 낯선 것이다. 인간의 문화를 제외한 어떤 자연현상도 모두 자연의 범주 안에서 이루어지는 것이기 때문에 있어야 할 이유가 있는 것은 존속되지만, 그렇지 않은 것은 점차 도태되는 과정을 거치게 된다. 그런데 인간의 문화는 색다르다. 산업문명 이전까지 인간의 문화가 초래하는 환경적 부하environmental burden는 거의 대부분 자연의 넉넉한 생명부양 체계life-supporting system가 받쳐주어서 정화되었기 때문에 대규모의 환경재난이 발생한 적이 없다. 그런데 오늘날 전개되는 산업화와 지구적 확산은 규모와 내용의 면에서 이전과는 전혀 다른 성격을 띠고 있다.

인간의 문화가 구조적 측면에서 자연과 상생을 도모하는 지평으로 나아가려면, 새로운 변화를 주지 않으면 안 된다. 첫째, 인간 경제가 지구 생물권 경제의 하위에 속해 있다는 것이 부인할 수 없는 자명한 사실이므로 지구 살림살이의 여력, 즉 지구 생명 부양 체계의 범주 안에서 인간의 살림살이 경제를 도모해야 한다. 그러려면 국소적으로 특정 생태계 집단에 들어선 각 단위 국가가 사회 및 경제 운영에 따라 자연에 배출하는 환경상의 부하가 1차적으로 합리적 과학기술에 의해 정화 가능하고, 2차적으로 자연의 자정력에 의해 감내 가능한 선에서 지속되도록 인도하는 것이다. 거시적으로 지구상의 모든 민족이 경제를 운영하는

생태도시 프라이부르크와 도심 시냇물

데 따른 환경적 부하가 역시 생태적 과학기술과 지구 생물권의 정화력에 의해 감내 가능한 범주 안에서 경제가 이루어지도록 하는 것이다. 다시 말해서 환경위기를 해결하기 위해서는 생태적으로 지속 가능한 사회로 재구축을 단행하는 것이 필연적이다.

두 번째로 생태사회eco-society로 이행하기 위해서는 인간이 자연을 대하는 가치관과 세계관의 전환을 꾀해야 한다. 인간은 지금까지 말 없는 자연으로부터 온갖 혜택을 받아왔다. 이제 혜택에 상응하는 태도를 견지해야 한다. 그것은 생명을 탄생시켜서 키우는 자연에 대해 생녕애호심biophilia으로 다가가는 것이다. 맹자는 위험한 줄 모르고 물웅덩이로 다가가는 어린애를 구해주는 이웃집 사람의 마음에는 인仁의 단초인 측은지심이 깃들어 있다고 했다. 인간 생명에 대한 사랑이 깃들어 있는 것이다. 마찬가지로 생명을 부양하는 체계로서 생물권과 생태계, 생물종에 대해 흡사한 생명 사랑의 자세를 견지할 필요가 있다. 공동선을 위한 덕의 윤리virtue ethics가 정치를 통해 정책적으로 사회로 펼쳐지게 되는데, 이것이 자연으로도 확장되어야 한다. 그렇게 되면, 인간이 자연에서 누리는 혜택은 지속 가능할 것이다.

간혹 산업문명의 사회가 너무 멀리 온 것이 아니냐는 지적이 제기되기도 한다. 이미 늦은 게 아니냐는 비판적 자성도 없지는 않다. 그러나 자연의 여력은 인간이 생각하는 것보다 훨씬 탄력적이어서 지금부터라도 지혜롭게 다가간다면 위기 극복이 불가능하지 않다. 중요한 것은 인간이 지구 공동체의 일원이므로, 인간 사회가 지구적 공동선global common good을 준수하는 책임 있는 자세로 서로 협력하여 제도를 정비하고 환경정책을 바르게 펼쳐야 한다는 점이다.

인간이 경제를 중시했던 이유는 살림살이의 필요를 충족시키기 위함이었다. 현 상태에서 지구상의 정의가 제도적으로 구현된다면, 식량난으로 인해 굶주리는 경우는 사라지게 된다고 보아야 한다. 자연을 끊임없이 약탈할 정도의 과도한 탐욕은 사회를 불행하게 만들고 환경위기를 심화시킬 뿐이다. 공동선의 경제는 물질적인 양적 성장에서 사회 구성원과 자연을 배려하는 질적 성숙으로 나아가고자 한다. 이렇게 공동선이 구현되면, 모든 구성원들이 정신적으로 행복해하는 사회로 나아갈 수 있다. 공동선의 경제는 행복경제와 생태경제를 지향한다. 지구촌 환경정치는 바로 이런 방향으로 나아가고자 할 것이다. 이것은 선택이 아니라 필수이고, 그렇게 하지 않으면 절망과 죽음의 그림자가 엄습하게 된다.

고민은 지금 바로 생태사회의 경제와 제도로 건너뛸 수 없다는데 있다. 어찌 되었든 오늘의 우리는 온갖 욕망이 분출하는 현실 제도와 문화, 경제에 뿌리를 내리고 있기 때문이다. 연착륙이 되도록 하려면 단계별로 징검다리를 놓아 건너가는 정책적 행보를 취해야 한다. 그런데 어느 정도 그런 징검다리 정책철학이 제시되어 있다. 녹색성장과 생태적 현대화, 지속가능한 발전을 단계적 징검다리로 보는 것이 가능하다. 다만 제때에 이를 알맞게 분별하여 시행하는 정책적 결단과 결연한 의지가 요구될 뿐이다.

지속가능한 발전과 미래세대 인류

1970년대의 환경위기를 반영하는 형태로 입안된 첫 번째 비전이 지속가능한 발전sustainable development 개념이다. 1983년의 UN총회는 세계환경발전위원회를 구성하였고, 이 기구가 전문가를 동원하여 전 세계를 돌아다니며 조사와 연구를 수행한 끝에 1987년에 보고서를 내놓았다. 바로 『우리 공동의 미래』라는 것인데, "미래세대의 필요 여력에 지장을 주지 않는 선에서 현세대의 필요에 부응하는 것"으로 지속가능한 발전의 개념을 정의하였다. 세부적으로 들어가면, 이 개념에는 두 가지 핵심 논제가 설정되어 있다. 하나는 후진국 일반 민중의 생활상의 기초적 필요가 충족되어야 한다는 것이고, 다른 하나는 인간의 경제성장을 무한정 받아들이기에는 지구 생물권의 수용에 한계가 있다는 것이다. 즉 필요 논제와 한계성 논제가 지속가능한 발전에 필수적인 것으로 담겨졌다.

지속가능한 발전은 후진국의 개발 요구와 선진국의 자연보호

요구를 함께 수렴한 것이다. 그런데 이런 절충으로 인해 탄생한 비전은 카멜레온의 성격을 띠게 됨으로써 문제가 되고 있다. 일단 용어 자체에 오해의 소지가 있어서 선진국과 다국적기업이 계속 경제발전을 추동해도 좋은 것처럼 비춰지고 있다. 통상 경제학적으로 약한 접근과 강한 접근으로 분별된다. 약한 접근은 인공자본과 자연자본을 구분하지 않은 채 자본 손실에 따른 보충이 계속 이루어짐으로써 세대와 세대를 거치면서 경제가 마이너스로 떨어지지 않도록 유지하는 것으로 파악하고 있다. 반면 강한 지속가능한 발전은 열대림과 산호초 군락지, 적정한 대기 중 이산화탄소 농도 등의 자연자본을 다른 무엇에 의해서도 대체할 수 없는 것으로 보면서, 즉 지구 생물권의 한계를 실제로 감안하면서 일반 민중의 생활상의 필요가 충족되도록 알맞게 발전을 도모하는 것으로 파악한다. 따라서 강한 접근에는 한계성 논제와 지구적 정의global justice 실현이 반영되어 있는 셈이다. 약한 접근은 영악진 것으로 환경문제 해결에 실질적 도움이 별로 안 되고, 강한 접근은 선진국과 기업이 제대로 실행하기를 부담스럽게 여기고 있다. 결국 국제사회에서 신자유주의와 국가 간 패권이 강화될수록 지속가능한 발전 개념은 선언적 의미로 받아들여질 뿐 실현되기에 다소 어려움을 겪고 있다.

환경 선진국 유럽과 생태적 현대화

지속가능한 발전의 이행이 용이하지 않은 상황에서 독일 등 서유럽 환경 선진국서 또 다른 개념과 비전이 창안되어 유포되기 시작했다. 다름 아니라 생태적 현대화ecological modernization이다. 이것은 지속가능한 발전의 형평성과 정의 실현을 일단 제쳐 두는 데서 출발하고 있다. 경제성장과 환경보호의 두 마리 토끼를 함께 잡는, 즉 윈윈전략을 구사하는 것에 주안점을 두는데, 자본주의를 가능한 한 생태화하자는 시도인 셈이다. 착상은 근대화를 열어놓은 사상적 배경인 계몽주의에 생태적 채색을 단행한 것이다. 합리성에 의해 봉건제가 종식되고 근대가 나타났는데, 그것이 사회 영역에만 적용되었지 사회가 교섭하는 자연의 영역에는 미치지 않았다고 판단한다. 그래서 생태적 지평에도 합리화 시도를 일관되게 추진하자는 것이다.

생태적 현대화는 협동조합주의가 조성되어 있는 사회조건에서 실질적인 구체적 정책으로 표출되었다. 사회의 주축인 삼자간 협의에서 출현하게 되는데, 정부는 시민사회 영역의 전문가와 사회단체로부터 자연보호에 관한 의견을 적극 수렴하여 규범적 지침을 설정하되, 그것이 기업에게도 이익이 되는 지평을 조성하는 것이다. 인간 사회의 환경적 위해 요인을 감안하여 환경적 가이드라인(예, 온실가스 특정 수치로 동결, 화학물질을 강화된 기준치이하로 규정 등)을 설정하고, 이것에 동참하도록 환경세와 세제 혜택을 통해 당근과 채찍의 전략을 구사한다. 특히 목표 달성에 수동적인 기업은 시장서 점차 도태되고, 능동적인 기업은 경영 효율화와 배출권 거래 등을 통해 오히려 사업상의 이익을 보도록 조성하는 것이다. EU의 화학물질 관리제도REACH와 탄소배출권 거래시장은 이런 환경정책의 이념적 맥락에서 나온 것이다.

생태적 현대화는 지구온난화 문제와 화학물질 관리에 좀 더 엄격한 편이다. 이것은 지속가능한 발전과 보수적 환경 관리주의 정책의 중간 성격을 띠고 있다. 예컨대 환경 관리주의 정책은 배출구 사후관리 해법end-of-pipe solutions 위주였다. 반면 강한 지속가능한 발전은 사전예방의 원칙을 핵심으로 채택하고 있다. 생태적 현대화는 오염의 사후관리 지평을 넘어 사전예방의 특성을 적지 않게 반영하는 방식으로 나아가고 있다.

녹색성장의 정책을 넘어

우리나라에서 이명박 정부가 펼친 녹색성장green growth은 그 정책철학의 색채가 매우 흐릿하고 애매한 것이다. 그것은 생태사회에 대한 비전을 전혀 갖지 못한 상태에서 국제사회의 환경정책의 흐름을 파악하여 유리한 쪽으로 덥석 잡으려는 얕은 행보의 소산이었다. 그것은 가깝게는 영미권의 그린뉴딜green new deal을 개발도상국가의 시각으로 벤치마킹한 것이다. 미국의 경우, 2008년의 금융위기에 대처하기 위해 경기부양을 통한 일자리 창출에 주력하지 않을 수 없었다. 또한 재생 불가능한 자원의 단계적 고갈 가능성에 따라 석유가격이 언제든 폭발적으로 오를 수밖에 없으므로 녹색에너지 산업에 관심을 갖지 않을 수 없었다. 뿐만 아니라 국제사회가 포스트교토의정서를 채택하게 되는데, 여기에 또 빠짐으로써 비난을 계속 받을 수도 없었다. 이런 복잡한 상황에서 그린뉴딜을 표방하게 된다. 이것은 신자유주의를 주된 기조로 삼고 있는 만큼 생태적 현대화 정책과 이념을 편리한 방식으로 윤색한 것이다. 미국 정부는 시민사회 진영과 대화를 통해 사회문제를 해결하는 전통을 갖고 있지 않기 때문에 일방통행이 이루어지는 편이고, 그에 따라 기업에게 유리하므로 생태적 현대화의 얕은 단계라고 해도 크게 틀리지 않을 것이다. 한국의 녹색성장은 이런 그린뉴딜의 성격을 받아들이면서 또 무엇인가를 빼고 그리고 또 이질적인 것을 덧붙이는 형태로 전개했다.

녹색성장의 정책은 벤치마킹의 연원을 추적할 경우, 생태적 현대화의 요소를 적지 않게 갖고 있는 것으로 볼 수 있다. 일단 환경경영과 에너지 사용 효율화가 기업과 행정, 그리고 사회영역으로 확장되도록 유도하고 있다. 에너지 절감을 위한 기술혁신에도 매진하고 독려하는 편이다. 예컨대 광범위하게 사용하는 나프타를 1000℃ 이상의 고온보다 낮은 700℃ 온도에서 얻을 수 있도록 개발된 ACO촉매 기술은 에너지를 덜 사용하므로 그만큼 자원을 절약하는 데 도움이 되고 또 그것은 전 세계 나프타공장에 로열티를 받고 판매를 할 수 있으므로 전형적인 원원정책, 즉 환경보호와 성장에 부응하는 것이다. 뿐만 아니라 재생 가능한 자원의 분야, 예컨대 태양열과 풍력 등의 사업이 활성화되도록 지원하고 있는 것도 같은 맥락이다. 녹색성장이 취하는 이런 접근은 생태적 현대화가 갖는 장점이므로 현 단계에서는 바람직한 것이고 또 확산되어야 할 성격의 것이다.

그러나 녹색성장은 문제도 적지 않게 갖고 있다. 예컨대 생태

원전반대 독일 그린피스 시위 동참한 필자

적 현대화의 발생지인 독일 등에서 녹색이기보다 반녹색적인 것으로 분류되는 원자력발전을 녹색성장의 범주 안에 편입시키고 있고 또한 자연 생태계를 대규모로 훼손하는 4대강 사업을 버젓이 그 안에 포함시키고 있다는 점이다. 녹색으로 무늬만 내는 전시행정도 문제다. 이렇게 녹색을 띠고 있지만, 여기에 성장 일변도의 황금색과 반녹색 등이 함께 뒤범벅이 되어 있는 것이 우리 녹색성장의 모습이다. 이를 평가하자면, 절반의 성공과 절반의 실패를 담고 있는 셈이다.

징검다리 건너는 녹색정책

자연보호에 실질적으로 다가가는 녹색정책은 더욱 강화될 필요가 있지만, 이것에 반하는 것은 폐기되어야 한다. 이명박 정부의 녹색성장이 선명하면서 진정한 녹색정책으로 이행하지 못하는 연유는 그것에 대한 비전과 정책철학을 갖고 있지 못한 채 외형적 치장에 너무 주력하는 경향을 띠기 때문이다. 이명박 정부는 자연보호에 관심을 쏟는 시민사회 진영을 외면하고 있고, 기업에만 유리한 지평을 조성해주고자 하며, 자연보호에 동참하는 신념과 책임의식도 미약하다. 따라서 향후의 녹색정책은 단기적으로는 생태적 현대화를 제대로 따르도록 녹색성장의 정책을 바르게 추스르고, 이후 강한 지속가능한 발전의 단계로 이행할 수 있도록 준비해야 한다.

위험사회를 목전에 둔 현대사회는 오염의 사후관리로 집약되는 환경 관리주의 노선을 빨리 넘어서야 한다. 시시각각 다가오는 환경재난의 압박에 직면하여 지구적 공동선을 도모하는 지혜를 모아야 하기 때문이다. 이때 개발도상국가의 입장에서 보면 녹색성장이 매력적이다. 국제사회의 생존 경쟁이 냉엄하게 펼쳐져 있으므로 불가피한 측면이 있다. 자연보호에 동참함은 물론 국제사회의 균형 유지에도 주안점을 두면서, 성장의 과실을 정의롭게 분배하는 데 신경을 써야 한다. 그리고 빠른 시일 내에 생태적 현대화의 단계로 발돋움을 취해야 한다. 그것이 보다 책임을 짊어지는 태도를 동반하기 때문이다. 그러나 생태적 현대화와 녹색성장이 무한정 유지될 수는 없다.

원천적으로 지구의 생명부양 여력에는 한계가 있다. 현대인은 미래세대와 지구 생명공동체의 구성원을 위해서 자연과 실질적으로 상생을 이루게 되는 생태사회로 이행해야 한다. 그런 사회의 바로 직전 단계가 강한 지속가능한 발전의 지평이다. 올해 2012년은 1992년 브라질 리우에서 열린 UN환경개발회의로부터 20년이 되는 해이고, 2002년 남아공 요하네스버그 지속가능지구정상회의로부터 10주년이 되는 해이다. 오늘의 우리가 제도와 정책의 차원에서 어떤 선택과 결단을 내리느냐에 따라 미래세대 인류와 현존 지구 생물종의 운명이 결정된다. 현세대에서 미래세대로 이어지는 인류는 시간 축으로 이어지는 사회 공동체이다. 현존 지구상의 생물종은 인류와 함께 진화의 오디세이호에 동승하고 있는 공간 축의 공동체 성원이다. 이에 오늘의 우리는 사회적 공동선과 지구적 공동선을 자각하면서 책임 있게 지혜로운 판단과 결정을 취해야 한다. 이때 우리에게 필요한 것은 생명사랑이라는 덕과 상생의 지혜이다.

2002 요하네스버그 지속가능지구정상회의

제3정치
콘서트

참고문헌

권성아, 『홍익인간사상과 통일교육』, 집문당, 1999.

박종홍, 『한국사상사논고: 유학편』, 서문당, 1977.

박호성, 『공동체론』, 효형출판, 2009.

류승국, 『동양철학연구』, 근역서재, 1983.

송재룡, 『포스트모던 시대와 공동체주의』, 철학과현실사, 2001.

안계현, 「신라 불교의 교학사상」, 고익진 외 공저, 『고대 한국불교 교학연구』, 민족사, 1989.

윤여준, 『대통령의 자격』, 메디치, 2011.

은정희, 「원효의 불교사상」, 김형효 외 공저, 『원효의 사상과 그 현대적 의미』, 한국정신문화연구원, 1994.

이병천 외, 『다시 대한민국을 묻는다』, 한울, 2007.

이한구, 『역사학의 철학』, 민음사, 2007.

최영성, 『한국유학사상사: 고대·고려편』, 아세아문화사, 1994.

한면희, 「환경철학의 세계관과 윤리」, 『철학연구』 제35집, 1994.

_____, 「자연환경에 대한 도덕적 고려」, 『철학』 제46집, 1996 봄.

_____, 『환경윤리』, 철학과현실사, 1997.

_____, 「남성 생태주의자가 본 페미니즘 사상」, 『철학과 현상학 연구』 제23집, 2004 가을.

_____, 『초록문명론』, 동녘, 2004.

_____, 『미래세대와 생태윤리』, 철학과현실사, 2007.

_____, 『동아시아 문명과 한국의 생태주의』, 철학과현실사, 2009.

_____, 「초록문명의 생태사회와 녹색성장」, 『철학과 현실』, 2010 가을.

한면희·석인선, 『환경보건윤리 및 정책』, 한국방송통신대학교 출판부, 2011.

한면희·이종훈, 『현대사회와 윤리』, 철학과현실사, 1999.

황경식, 『개방사회의 사회윤리』, 철학과현실사, 1995.

고바야시 마사야, 『마이클 샌델의 정치철학』, 홍성민·양혜윤 (역), 황금물고기, 2012.

나라 야스아키, 『인도불교』, 정호영 (역), 민족사, 1990.

다카쿠스 준지로, 『불교철학의 정수』, 정승석 (역), 대원정사, 1989.

로버트 노직, 『아나키에서 유토피아로』, 남경희 (역), 문학과지성사, 1997.

마리아 미스·반다나 시바, 『에코페미니즘』, 손덕수·이난아 (역), 창작과비평사, 2000.

마이클 샌델, 『정의란 무엇인가』, 이창신 (역), 김영사, 2010.

_____, 『왜 도덕인가?』, 안진환·이수경 (공역), 한국경제신문, 2010.

마이클 왈쩌, 『정의와 다원적 평등』, 정원섭 외 (역), 철학과현실사, 1999.

버트런드 러셀, 『권력』, 안정효 (역), 열린책들, 2003.

숀 쉬한, 『우리 시대의 아나키즘』, 조준상 (역), 필맥, 2003.

슈마허, 『작은 것이 아름답다』, 원종익 (역), 원음사, 1992.

스테판 뮬홀·애덤 스위프트, 『자유주의와 공동체주의』, 김해성·조영달 (역), 한울아카데미, 2001.

스피노자, 『에티카』, 강영계 (역), 서광사, 1997.

알래스데어 매킨타이어, 『덕의 상실』, 이진우 (역), 문예출판사, 1997.

야나기다 세이잔, 『선의 사상과 역사』, 추만호 외 (공역), 민족사, 1989.

앨리슨 재거, 『여성 해방론과 인간 본성』, 공미혜 외 (공역), 이론과실천, 1992.

울리히 벡, 『위험사회』, 홍성태 (역), 새물결, 2006.

장 프레포지에, 『아나키즘의 역사』, 이소희 외 (공역), 이룸, 2003.

제임스 러브록, 『가이아: 생명체로서의 지구』, 홍욱희 (역), 범양사, 1990.

_____, 『가이아의 시대: 살아 있는 우리 지구의 전기』, 홍욱희 (역), 범양사, 1992.

존 롤즈, 『사회정의론』, 황경식 (역), 서광사, 1985.

_____, 『공정으로서의 정의』, 황경식 외 (공역), 서광사, 1988.

찰스 테일러, 『불안한 현대사회』, 송영배 (역), 이학사, 2001.

키무라 키요타카, 『중국불교사상사』, 장휘옥 (역), 민족사, 1989.

팡 리티엔, 『불교철학개론』, 유영희 (역), 민족사, 1989.

풍우란, 『중국철학사』, 정인재 (역), 형설출판사, 1989.

풍우, 『동양의 자연과 인간 이해』, 김갑수 (역), 논형, 2008.

프리초프 카프라, 『현대 물리학과 동양사상』, 김용정 외 (공역), 범양사, 1994.

WCED, 『우리 공동의 미래』, 조형준·홍성태 (공역), 새물결, 1994.

김인환 (譯解), 『周易』, 고려대학교출판부, 2006.

余培林 (註譯), 『新譯 老子讀本』, 臺北: 三民書局印行, 1973.

『論語』.

『老子』.

『孟子』.

『三國史記』.

『荀子』.

『栗谷全書』.

『莊子』.

『周易』.

『漢書』.

Bookchin, M. (revised ed.), *The Ecology of Freedom*, Montreal: Black Rose Books, 1991.

Capra, F. (3rd ed.), *The Tao of Physics*, Boston: Shambhala Publications, 1991.

Carter, N., *The Politics of the Environment*, Cambridge: Cambridge University Press, 2001.

Commoner, B., The Closing Circle, New York: Bantam, 1971.

Daly, H. E., "Sustainable Growth: An Impossibility Theorem," H. E. Daly et al. (eds.), *Valuing the Earth: Economy, Ecology, Ethics*, Cambridge: The MIT Press, 1993.

Danford, J. W., *Wittgenstein and Political Philosophy*, Ghicago: The University of Chicago Press, 1978.

Dobson, A. (3rd ed.), *Green Political Thought*, London: Routledge, 2000.

Etzioni, A., *The New Golden Rule*, New York: Basic Books, 1996.

_____, "The Responsive Community: A Communitarian Perspective," *American Sociological Review* 61, 1996.

Gewirth, A., "Human Rights and Future Generations," M. Boylan (ed.), *Environmental Ethics*, Upper Saddle River, N.J.: Prentice Hall, 2001.

Goodin, R. E. & P. Pettit (eds.), *A Companion to Contemporary Political Philosophy*, Malden, MA: Blackwell Publishing, 1995.

Hardin, G., "The Tragedy of the Commons," H. E. Daly et al. (eds.), *Valuing the Earth: Economics, Ecology, Ethics*, Cambridge: The MIT Press, 1993.

Heisenberg, W., Physics and Philosophy, New York: Harper & Row, 1958.

Kuhn, T. (2nd ed.), *The Structure of Scientific Revolutions*, Chicago: University of Chicago Press, 1970.

Kymlicka, W.(2nd ed.), *Contemporary Political Philosophy*, Oxford: Oxford University Press, 2002.

MacIntyre, A., *After Virtue, London: Duckworth*, 1981.

Marx, Karl, *Grundrisse*, New York: Vintage Books, 1973.

_____, Critique of the Gotha Program, in R. C. Tucker ed., *The Marx–Engels Reader*, New York: W. W. Norton & Co., 1978.

McLaughlin, A., *Regarding Nature*, Albany: State University of New York Press, 1993.

Munitz, M. K., *Contemporary Analytic Philosophy*, New York: Macmillan, 1981.

Naess, A., David Rothenberg (tr. & rev.), *Ecology, Community and Lifestyle*, Cambridge: Cambridge University Press, 1989.

Nash, R. F., *The Rights of Nature: A History of Environmental Ethics*, Madison: The University of Wisconsin Press, 1989.

Newton, D. E., *Environmental Justice*, Santa Barbara, CA: ABC CLIO, 1996.

Nozick, R., *Anarchy, State and Utopia*, Oxford: Blackwell, 1974.

Pepper, D., *Eco-socialism*, London: Routledge, 1993.

Plumwood, V., "Feminism and Ecofeminism: Beyond the Dualistic Assumptions of Women, Men and Nature," *The Ecologist* 22, 1992.

Popper, K. R., *Conjectures and Refutations*, New York: Harper & Row, 1965.

Prall, D. W., *A Study in the Theory of Value*, Berkeley: University of California Press., 1921.

Rawls, J., *A Theory of Justice*, Cambridge, Mass.: Harvard University Press, 1971.

Ritter, A., *Anarchism*, London: Cambridge University Press, 1980.

Russel, C. A., *The Earth, Humanity and God*, Guildford: UCL Press, 1994.

Sagan, D & L. Margulis., "The Gaian Perspective of Ecology," *The Ecologist* 13, 1983.

Sandel, M. J., *Liberalism and the Limits of Justice*, Cambridge: Cambridge University Press, 1982.

_____, *Democracy's Discontent*, Cambridge, Mass.: The Belknap Press of Harvard University Press, 1996.

Taylor, C., *Philosophical Papers*, vol. 2: *Philosophy and the Human Sciences*, Cambridge: Cambridge University Press, 1985.

_____, *Sources of the Self*, Cambridge: Cambridge University Press, 1990.

Walzer, M., *Spheres of Justice*, New York: Basic Books, 1983.

Warren, K. J., "Feminism and Ecology: Making Connections," *Environmental Ethics* 9, 1987.

Wenz, P. S., *Environmental Justice*, Albany, N.Y.: State University of New York Press, 1988.

Wolff, R. P., *Understanding Rawls*, Princeton, N.J.: Princeton University Press, 1977.